拝み屋備忘録
ゆきこの化け物

郷内心瞳

竹書房
怪談
文庫

ならば、本当の祟りの話をしよう

宮城の田舎で拝み屋という仕事を営み始めて、すでに二十年近い月日が経つ。

鬱蒼とした山の裾野にぽつりと佇む、周囲を深い森に囲まれた古びた一軒家。

そこを自宅兼仕事場に、先祖供養や加持祈祷《かじきとう》、時には魔祓《まばら》いや憑き物落としといった仕事を日々執り行っている。

特異な経験を活かし、六年ほど前からは、自分自身の体験や依頼主から持ちこまれた奇妙な話を怪談として整え、書籍で発表も続けている。

仕事柄、公私ともどもに視えざる事象や世界に関する質問をされる機会が多いのだが、その中でも初対面の相手から、群を抜いて受ける質問がある。

「私、何かに祟られてませんかね?」

「私って、何かにとり憑かれてませんかね?」

というのが、それである。いちいち数えたことはないまでも、これまでかなりの数の人々から受けてきた質問である。ちなみに彼らの大半は、笑みを浮かべて尋ねてくる。

　二十年近くもの間、老若男女や職種を問わず、様々な人から問われ続けているのだが、本当に何かに祟られ、とり憑かれている人から質問された経験は、一割にも満たない。

　他の九割以上は、自分自身が何かに祟られ、とり憑かれていると思いこんでいるか、思いこみたいか、あるいは単なる好奇心で尋ねてくるだけである。

「思いこんでいる」と「思いこみたくて」私に質問をぶつけてきたのは、現状における自身の境遇に不満を抱えている人が大半だった。

　仕事がうまくいかない。対人関係がうまくいかない。思うようにお金が貯まらない。

　こうした不遇の原因を祟りや憑き物に当てつけて、現実逃避がしたいのである。

　だがそんなことは別に、祟りや憑き物が関与しなくても、ざらに発生する問題である。むしろ「ついていない」からこそ発生する問題とも言えなくはない。

　彼らは事実と実態を知らないなればこそ、気軽な感覚で自身が何かに祟られ、障《さわ》られ、とり憑かれていることを心密かに期待してしまうのだと思う。

　仮に「祟られる」とはどういうことなのか。祟りを受けたらどんな災いが起きるのか。

「憑き物」とはなんなのか。とり憑かれたら、どんな境遇に陥ってしまうのか。

　真実を知ってさえいれば、笑顔でそんな危うい質問などできるはずがないのだ。

ならばこの機会に本当の祟りの話をしよう。憑き物の話をしよう。

知ってもらうことにしよう。

絶えることなく笑みを浮かべて、同じ質問をされることにも辟易《へきえき》してきたところだし。

「拝み屋備忘録」シリーズ三作目となる本書では、祟りや障り、憑き物にまつわる話を中心に紹介していきたいと思う。

主題が主題なだけに、これから語り明かしていくのは恐ろしかったり、悲惨だったり、おぞましかったりと、いずれも心に健やかな形で残ることのない厭な話ばかりだと思う。読まれる前にお断りしておく。

本来は娯楽として供される、怪談実話の本である。

好奇心でお読みいただいて一向に構わないのだが、仮に読書中、気分を悪くされたり、あるいは背後に得体の知れない気配を感じても、残念ながら私は何もしてあげられない。

私はただ、本当の祟りと障り、憑き物についての話を紹介していくだけである。

努々《ゆめゆめ》警戒を怠ることなく、最後までお愉しみいただければ幸いである。

目次

※本書に登場する人物名は様々な事情を考慮して仮名にしてあります。

あなたの番です

和田《わだ》さんが暮らすアパートで、住人が亡くなった。
面識はなかったが、一階に住んでいた三十代の女性で、噂によれば自殺だったという。
彼女の死からまもなく、身内とおぼしき人々が軽トラックでやってきて、部屋の荷物は
その日のうちに片づけられた。

それからひと月近く経った、夕暮れ時のこと。
早めに仕事から帰った和田さんが二階の自室に戻るため、階段を上ろうとしていると、
例の部屋のドアが半開きになっているのが目に入った。
周りに人の気配はなく、遠くでカラスの声が聞こえてくるばかり。
今まで余計な野次馬根性をだすことはなかったのだが、ふいに好奇心が湧いてきた。

そのまま静かに廊下を進み、そっと息を殺してドアの隙間に顔を近づける。

目の前に、真っ青な顔をした女の顔があった。

女はドアのすぐ向こう、鼻先がくっつきそうな至近距離から和田さんを凝視していた。

まぶたはかっと見開かれ、ピンポン玉のような眼球がこちらをぎろりと見つめている。

たちまち悲鳴があがり、そのまま踵《きびす》を返して自室へ駆け戻った。


その日の夜からだという。

和田さんの周辺に、たびたび女が現れるようになった。

夜、自室で寝入っていると、ふいにどこからか異様な気配を感じて目を覚ます。

周囲の闇に視線を巡らせれば、わずかに開いた襖《ふすま》の隙間から、あの女が大きな両目をぎょろつかせ、こちらをじっと覗き見ている。

居間でくつろいでいる時も、風呂に浸かっている時も、食事の支度をしている時も。

ふと気がつくと襖の隙間や窓の向こう、あるいは冷蔵庫の裏側に開いた細い隙間から、女がこちらを覗き見ている。

こんなことが数日おきに繰り返された。

自殺した女性とは面識がないため、得体の知れない女と同一人物なのか、確証はない。

だが、事の発端から考えれば、同じ女と考えて間違いなさそうだった。

慄《おのの》きながらも女の部屋へと向かい、閉じられたドアの前でお詫びの合掌をおこなった。

しかし、女はその後も変わらず現れ続けた。

やむを得ず、自室に霊能者を招いてお祓いもしてもらった。

しかし、女はそれでも変わることなく現れ続けた。

とうとう耐えきれなくなり、和田さんは泣く泣く部屋を引き払うことにした。


だが、引越し先の新しい部屋にも、女はなおも変わらず現れ続けた。

さらには引越し後、女は部屋の外にも現れるようになってしまう。

職場の隅に並ぶロッカーの陰や、廊下の角からわずかに顔だけを覗かせ、獲物を狙う猛禽のような丸い目でこちらをじっと見つめている。

他にも、通い路に建つ民家の垣根越し、電信柱や自販機の陰、駅のホームの片隅など、不穏な気配にはっとなって振り向けば、無言でこちらを見つめる女の姿があった。

そんな憂き目に苛《さいな》まれ、さらにひと月余りが過ぎた頃。

進退窮まった和田さんは、藁《わら》にも縋《すが》る思いで自殺した女の素性を調べることにした。

以前のアパートの住人から聞かされていた氏名をネットで検索すると、すぐに彼女が生前使っていたSNSのアカウントが見つかった。

プロフィール画像に表示された顔写真は、和田さんの前にたびたび現れるあの女とは、似ても似つかない顔をしていた。

嘘だろうと思いながら、遺された書きこみをつぶさに検《あらた》めていく。

書きこみに添えられている写真には、和田さんが以前暮らしていたアパートの近辺が写されたものが何枚も見つかった。

やはり自殺した女性のアカウントで間違いなさそうだった。

さらに書きこみを読みこんでいくと、彼女は亡くなる二ヶ月ほど前から、身の回りでたびたび異様な気配や視線を感じていて、霊ではないかと怯えている記述も散見された。

冷や水を浴びせられたようにぞっとなっていたところへ、背後に異様な気配を感じた。

振り返ると自室の引き戸が細く開いて、得体の知れない女が薄い笑みを浮かべながら、こちらをじっと見つめていたという。

ゼロの顔

ある週末、絢果《あやか》さんが彼氏に連れられ、車で隣県の観光地巡りに出かけた。

夢中になって遊んだため、帰路に就いたのは、すでに夜もだいぶ遅い時間だった。

そのさなか、急に催してきた絢果さんは、彼氏に「トイレへ行きたい」と頼んだ。

けれども折悪く、車は周囲を田畑に囲まれたうら寂しい田舎道を走行中だった。

カーナビで検索してみると、コンビニを始め、トイレが借りられそうな店があるのは、いずれも十キロ以上離れた場所だと分かり、焦りがどっと募り始める。

夜の闇に静まり返った車外の景色に視線を注ぎ、どこかに用を足せる場所はないかと探し続けていると、やがて暗闇の前方に小さな公園が見えてきた。

街灯の薄明かりに照らしだされた敷地の隅には、公衆トイレが建っているのも見える。

すぐさま彼氏に知らせて車を停めてもらった。

急ぎ足でトイレへ駆けこむと、中は蛍光灯が切れかかっているせいなのか異様に暗く、まるで視界一面に黒い霧の粒子がたちこめているような印象だった。

不気味に感じながらも背に腹はかえられず、個室のひとつに入って用を足し始める。

するとそこへ突然、個室の外から水が流れる音が聞こえてきた。

どうやら水は、洗面所の蛇口から流れているらしいのだが、自分が個室に入ってから、誰かがトイレに入ってきた気配は感じなかった。

不審に思いながらも用を足し終え、ドアを開けると、洗面所の前に女が背中を向けて立っていた。紫色のカーディガンに灰色のスカートを穿いた女で、軽くうねりを帯びた黒髪を背中のまんなか辺りまで生え伸ばしている。

女は蛇口に向かって、深々と項垂《うなだ》れていた。

だから最初は顔を洗っているように見えたのだが、よく見てみると違った。

女の両手は腰の脇にだらりとぶらさがり、わずかも動く気配がない。

時刻はすでに深夜近くを指していたし、公園の周囲に人家のたぐいはなかったと思う。

ならばこの女は、こんな遅くにどこからやって来て、こんな薄暗いトイレの洗面所を前にして一体何をやっているのだろう。

思うなり、背筋にぞわりと悪寒が走り、胃の腑《ふ》に冷たい風が渦巻いた。

関わらないようにしよう。できることなら、気づかれることさえないようにしよう。

息を殺して気配を忍ばせながら、トイレの出口へ向かって足を踏みだす。

とたんに女の肩がびくりと跳ねあがり、長い髪を振り乱しながらこちらに向き直った。

女の顔をひと目見るなり、絢果さんは悲鳴をあげてトイレを飛びだした。

こちらを振り向いた女の顔には、顔がなかった。

黒い髪の間から覗く細長い顔面は、まるで巨大なスプーンで掬い取られたかのように大きな0の字を描いてばっくりと抉《えぐ》れ、目も鼻も口もない真っ赤な血肉のクレーターが、蛍光灯の明かりを浴びてぬらぬらと濡れ光っていた。

悲鳴をあげ続けながら車へ戻り、彼氏に今しがた起きたことを伝えようとしたのだが、助手席から公園のほうへ視線を向けると、いつのまにか街灯もトイレの明かりも消えて、真っ暗になっていた。

結局、自分が何を見て、どんな目に遭ったのかさえも理解できないまま、絢果さんは泣きながら家路に就いたそうである。

ホワイトボード

会社員の比留間《ひるま》さんが体験した話である。

ある時、翌日に控えたプレゼンに使う資料を大急ぎで修正することになった。

ところがいつものデスクでは、周りの声が気になってうまく集中することができない。

時間もないため、廊下のいちばん奥にある会議室で作業をすることにした。

社内に会議室は三つあったが、この会議室は、比留間さんが入社した半年ほど前からすでに使われておらず、静かに作業ができそうだった。

中にはコの字型に組まれた長机と、ホワイトボードがあるだけで、他には何もない。

ノートPCを抱えて入室すると、机の一角に陣取ってさっそく作業を始めた。

静まり返った部屋の中、しばらく夢中になって作業を続けていると、そのうちふいにどこからか、妙な視線のようなものを感じた。

反射的に顔をあげるなり、比留間さんは少しぎょっとなって眉をしかめた。

部屋の端に置かれたホワイトボードに、黒いマジックペンで描かれた女の顔があった。顔はボードの右下に生身の人間と同じくらいのサイズで描かれ、人を値踏みするような厭らしい薄笑いを浮かべている。

リアルなタッチの割に目鼻立ちのバランスが歪《いびつ》で、拙《つたな》い絵だったが、視線はこちらを向いているので気味が悪かった。ボードにこんな絵が描かれていた記憶もなかったので、ますます気味悪く感じられる。

初めは無視しようと思ったものの、しだいに向こうから見られているような気がして落ち着かなくなり、備えつけのイレイザーで絵を消した。


それからさらに一時間ほどノートPCに向き合い、作業を続けた。

思っていたとおり、静かな環境のおかげで作業は捗《はかど》り、時間も少し余裕ができてきた。休憩がてら、外の空気を吸いにいこうと考え、立ちあがる。

そのとたん、視界に飛びこんできたものを見て、比留間さんは悲鳴をあげた。

ホワイトボードのまんなかに女の顔が浮きあがり、こちらを見ながら笑っていた。

顔はやはり黒いマジックペンを使い、不気味なタッチで描かれている。だが、先ほど消したはずの顔とは、位置も表情もまったく違うものになっていた。

誰がどうやって描いたのか分からなかったし、それ以上にこの狭くて静かな部屋の中、自分の目を盗んで描き直せる者などいるはずもなかった。

みるみる恐ろしくなって部屋を飛びだし、自分の部署へ戻る途中、たまたま出先から帰ってきた上司とばったり顔を合わせた。

「そんなに血相変えてどうしたんだ?」という上司の言葉に事情を説明すると、上司は頭《かぶり》を振りながら太い息を漏らし、「だからあそこは使っちゃ駄目なんだよ」と答えた。

くわしい事情までは教えてもらえなかったが、過去に人が死んでいるのだという。その口ぶりから察するに、どうにも死因は病気や怪我のたぐいではなさそうだった。

「中に御札が貼ってあるの、見つけなかったか?」

尋ねられたが、そんなものを見た覚えはなかった。

「見ませんでした」と答えると、上司は「じゃあ、誰かが剥がしたんだな」とだけ答え、再び大きなため息を漏らした。

以来、比留間さんも件《くだん》の会議室には二度と近づかなくなったという。

お返しに

大学生の原田《はらだ》さんが真夏の深夜、友人たちと肝試しに出かけた。

場所は、田園地帯の片隅にひっそりと建つ製材所。

十五年ほど前に経営者が事務所で首を吊って死んでおり、それ以来、地元では幽霊が出るとの噂が囁かれている場所だった。

長年手入れがされず、あちこちが朽ちかけた敷地内をぐるりと回り、最後に事務所の中を探索した。

持参した懐中電灯で内部の方々を照らしながら、全ての部屋を巡り歩いてみたものの、特にこれといって何かが起こる気配もない。

「なんだ、やっぱり何もなしかよ……」

ため息をつきながら、吸いかけの煙草を事務所の床に放り捨て、靴の裏で揉み消した。

帰り道、原田さんの携帯電話が鳴った。

かけてきたのは、原田さんの母親だった。

電話に出ると、すっかり取り乱した様子の母から「家が燃えてる！」と告げられた。

慌てて帰宅した原田さんの目に飛びこんできたのは、橙《だいだい》色の炎に包まれて燃え盛る我が家の姿だった。懸命な消火活動も虚しく、家は数時間で全焼してしまった。


後日、仏間から見つかった煙草が出火原因と断定された。

しかし出火当時、家を留守にしていた原田さん以外に、彼の家族で煙草を吸う者など誰もいなかった。

真っ黒になって焼け落ちた家の残骸を目の当たりにしながら、怪異は我が家を標的に、それも最悪も形をなして起きてしまったのだと原田さんは悟った。

レアもの

事務用品の営業をしている八重《やえ》さんから聞いた話である。

二十年前ほどの夏、日帰りで出かけた県外出張の帰りにこんなことがあったという。

夕暮れを過ぎ、夜の帳《とばり》もおりた頃、国道沿いに個人経営の小さな古本屋を見つけた。

なんとなく勘が働いた八重さんは駐車場に車を停め、店内の物色におもむいた。

結果は大当たり。

八重さんが、十年近くも必死になって探し続けてきた、さる男性歌手の限定盤ＣＤがワゴンセールとして、ほとんど捨て値で売りにだされていた。

世間的には物凄くマイナーと言えるこの歌手のＣＤは、プレス枚数の少なさも災いし、これまで現物を目にする機会すらなく、入手は半ば諦めていた状態だった。

ためらう道理があるはずもなく、いそいそと会計を済ませて店を出る。

車に乗りこむとさっそくジャケットを開いてCDを取りだし、プレーヤーに挿入した。長い間、聴きたくて堪らなかった歌声が、スピーカーからどっと溢れて車内を満たすと夢のような心地に包まれ、うきうきしながら再び車を発進させた。

それからしばらくして、まもなく車が県境の道路に差しかかる頃だった。収録された曲が一通り終わって、スピーカーから再び一曲目のイントロが流れだした。ところが今度は歌声が変わっていた。

歌は男性歌手の声ではなく、まるで聞き覚えのない女の声になっている。つかのま、彼と親交がある女性歌手によるボーナストラックかと思った。

だが、その割には女は唄い方が拙く、素人がカラオケを唄っているような調子である。聴いているとなんだか苛々《いらいら》させられる声でもあった。

しかし、それでも長年探し求めた限定盤CDである。中身を全て確認したくもあった。辛抱強く聴き続けることにする。

やがて曲が終わって、続いて次の曲のイントロが流れだした。

再生されたのは、二曲目のイントロだった。

プレーヤーはリピート再生に設定してある。さっきの曲がボーナストラックだったら、次は一巡して本当の一曲目が再生されるはずである。ということはそうだった。

二曲目の歌を唄いだしたのも、先ほどの下手くそな女の声だった。

「ちょっと、まだ続くの！」

さすがにうんざりしてしまい、スキップボタンに指を伸ばす。

とたんに。

「うあぁぁっはっはっはっはっはっああああああぁぁぁ！」

スピーカーから張り裂けんばかりの凄まじい笑い声が、車内にびりびりと轟いた。

「うぅあぁぁっはっはっはっはっはっああああああぁぁぁぁぁ！」

悲鳴をあげながらブレーキを踏んで、車を路肩に停める。

「ううぅあぁぁっはっはっはっはっはっああああああああぁぁぁぁぁ！」

がたがた震える指で停止ボタンを押す。だが、笑い声は消えなかった。

「うううぅぅあぁぁっはっはっはっはっはっあああああああああぁぁぁぁぁ！」

「ごめんなさい！　ごめんなさい！　ごめんなさい！」

涙をこぼして謝ると女の声はようやく止まり、車内がしんと静まり返った。

イジェクトボタンを押して、ＣＤを取りだす。

がたつく指でＣＤをケースに戻すと、ジャケットに記載されている曲目を検めてみた。

やはり先ほど女が唄ったボーナストラックなど記載されていなかった。

付属のライナーノーツを調べてみても同じだった。

あんな女が唄うトラックなど、ＣＤには入っていなかった。


その後、件のＣＤがどうなったかというと、今でも八重さんの部屋にある。

気持ちが悪いので本当は手元に置いておきたくはないのだが、モノがモノであるため、手放してしまうのもあまりに惜しく、結局処分できなかったそうである。

但しその夜の一件以来、怖くて一度も再生したことはないと八重さんは言っている。

強制終了

数年前のある時期のこと。嗣美《つぐみ》さんは、ホストクラブ通いに嵌まってしまった。

初めは知人に誘われ、単なる興味本位で店に入っただけなのだが、冴えない日常とはまったく異質なムードを醸す絢爛豪華な店内で、美形のホストにお姫様のような扱いを受けたのがきっかけになった。

その後もお金が入るたびに通い続けていたのだが、スパンは日に日に短くなっていき、財政事情はたちまち厳しいものになってしまった。

贔屓にしているホストにそれとなく愚痴をこぼすと、常連客の中には副業で風俗嬢をしながら通っている女性も多いと教えられた。うまくいけば週数回程度の短時間勤務で、苦もなく店に通える資金が稼げるらしい。

その時は話半分で聞き流していたが、心が動くのにそれほど時間はかからなかった。

店に通い始めるようになってから数ヶ月後、嗣美さんは風俗店で仕事を始めた。デリバリーヘルスと呼ばれるタイプの店で、客から指定されたホテルや自宅に向かい、合法的な範囲で性的サービスをおこなう。

無論、初めはかなりの抵抗があったものの、背に腹はかえられなかった。就職して以来、こつこつ貯めていた貯金はあっというまに底をつき、勤め先の少ない給料では、満足に店へ通うことすらままならない。欲望と自制心がせめぎ合った結果が、風俗業で資金を稼ぐという選択だった。

仕事は思っていたよりも順調で、一度慣れてしまえば機械的にこなすことができた。客から褒められると、女性としての自分に自信が持てていい気分になることもできた。勤め始めてまもなくすると指名客やリピーターも徐々に得られるようになっていき、身体を張った勤めに見合うだけの報酬を手にすることができるようにもなった。

ただし、稼いだ金の大半は湯水のごとくホストに呑まれ、たちまち消えてしまうため、どれだけ稼いでも間に合うということはなかった。しだいに出勤時間も日数も増え始め、いつしか気づけば、血眼になって風俗業に明け暮れる自分がいた。

そうして風俗業を始め、半年近くが過ぎたお盆の時期。
久しぶりに実家へ帰った嗣美さんは、母親とふたりで菩提寺へ墓参りに出かけた。
自家の墓前にしゃがんでほとんど形ばかりの合掌をしていると、耳元でふと声がした。
「もうやめろ。はじさらし」
それは厳めしい響きを帯びた男の声で、はっとするほど生々しく聞こえてきたのだが、
戸惑いながら周囲を見回しても、声の主は見当たらなかった。
母に訊いても、そんな声など聞こえなかったという。
驚きが治まるにしたがい、声が発した言葉の意味について薄々見当がついた。
余計なお世話だと思った。
偉そうに人を見下して、「あんたなんかに何が分かるの?」と心の中で毒づいた。
贔屓《ひいき》のホストと夢のような時間を過ごすためには、身体を売って稼ぎ続けるしかない。
自分がどんな仕事で稼ごうが、稼いだ金で何をしようが、わたしの勝手でしょう?
むかむかした思いを抱えながら家路をたどり、墓参りを終えた翌日からも嗣美さんは
変わることなく風俗業に勤しんだ。

それからさらに数日経った夜のこと。

いつものように客から指定されたホテルで仕事をこなし、愛想笑いを振り撒きながら部屋を出て、廊下を歩き始めた時だった。

「ばかものが」

背後でまたぞろ、厳めしい男の声が聞こえた。

とたんに背中のまんなかへ「どん！」と強い衝撃が走り、ぶわりと身体が宙に浮いた。

「あっ！」と思ったその直後、浮きあがった身体は、弾丸のごとく一直線に宙を滑空し、目の前にぐんぐん迫ってきた廊下の壁に顔面から激突した。


この一件を機にして、嗣美さんは風俗業から足を洗い、ホスト通いもきっぱりやめた。

厳密に言えば、どちらもやめざるを得なくなってしまったのである。

ホテルの壁に激しく打ち据えられた嗣美さんの顔面は、鼻の骨が折れて斜めに捻じれ、頬の骨が陥没骨折した影響で、片頬には大きな傷跡が残ってしまった。

こうなる前に警告を聞いておくべきだったと、嗣美さんは今でも悔やんでいるという。

たまこと苦界

「始めてみたら思ってたよりも平気でした。生活、前より安定しましたし、欲しい物も買えるようになったし、おかげで彼氏も優しくしてくれてます」

我が家の奥座敷に構えた、簡素な造りの仕事部屋。

相談用の座卓を挟んだ向かい側で、たまこと名乗る女は、嬉々としながら私に語った。

その奇妙な自信に満ちた面差しに、すっかり変わってしまったなと私は思う。

私と彼女は、初対面の間柄ではない。

ただ、前回相談に来た時と、彼女の名前はまったく違うものになっていた。

「たまこ」という彼女の新しい名は、源氏名である。

三月《みつき》ほど前から彼女は風俗店に勤めるようになり、経営者からちょうだいした名前が「たまこ」だったというわけだ。

私と彼女が顔を合わせるのも、およそ三月ぶりのことになる。

彼女と最後に会ったのは昨年の秋、二〇一六年の十月初め頃のことだった。

その時、彼女が持ちこんできた相談は、そろそろ生活が立ち行かなくなりそうなので、思いきって風俗関係の仕事を始めたいのだがどうだろう、というものだった。

二年ほど前からたまこは、彼氏とふたりで市街の古いアパートに暮らしていたのだが、彼氏は職を転々としていて、働いている時よりもパチンコ店や呑み屋に入り浸っている時期のほうが多かった。

ゆえに生活費は実質、たまこが独りで稼いでいたのだけれど、無駄な浪費を繰り返す彼氏のライフスタイルに収入はまるで追いつかず、暮らしは常に困窮していた。

だからたまこは、契約社員として勤める食品会社の他にも、飲食店やパチンコ店など、複数のアルバイトを掛け持ちしながら働かざるを得なかった。

だが、そうして身を粉にする思いで稼いだ金も、その大半が彼氏の懐に消えてしまい、暮らし向きは悪化の一途をたどる一方だった。

そこで彼女が狙いを定めたのが、要領次第で高収入を得られる風俗関係の仕事だった。客から指定されたホテルや自宅で性的なサービスをおこなう、デリヘル型の店である。

たまこがこの件で相談に訪れた際、彼女は「できれば勤めたくはない」と言っていた。だが、「ふたりで暮らしていくためには、これしか残された道はないんです」とも言い、そのうえできちんと仕事が務まるように安全祈願をしてほしいと頼んできた。

私はすぐに「やめておいたほうがいい」と答えた。

これまで彼女が相談に来るたびに聞かせていた、「別れたほうがいい」という助言も一緒に添えて、「早く目を覚ましたほうがいい」とも伝えた。

当時、たまこは二十代半ば過ぎ。器量も決して悪いわけではない。

外形的な面だけで判断するならば、こうした業種に申しこんで採用されること自体は、おそらく容易だろうと思った。だが、問題はそんなことではないのだ。

たまこは過去に、二度も自殺未遂を経験している身の上だった。

最初は高校時代に睡眠導入剤を大量に飲んで生死の境をさまよい、二度目は二十歳を過ぎてまもない頃に手首を切って、未だに生々しい傷跡が残っている。

たまこは元々、宮城の近県出身で、理容店を営む母親とふたりで暮らしていた。

父親は、たまこが幼稚園の頃に若い愛人を作って蒸発。夫の蒸発が少なからぬ原因となったのか、母親は日頃から情緒不安定な素行が目立つ女性だった。

そんな母親は、多感な時期のたまこが抱える悩みや心の叫び、愛情の欲求に対しては、ほとんど無関心だった代わりに、たまこに関する些細な粗《あら》を見つけだすことに関しては異様なまでに敏感だった。

あえて指摘をするまでもないような生活態度の不備や、物事の考え方、言葉遣いなど、たまこ自身に自覚があるとないとにかかわらず、逐一指摘しては執拗なまでに詰《なじ》った。暴力こそ振るわれることはなかったと聞いているが、こうした態度を貫く母に対する愛情をたまこが捨て去るのに、さほどの年月はかからなかったという。

中学へ進学する頃には自室に引き籠ることが多くなり、母親との接触をできうる限り避けるようになった。それでもしつこく絡んでくる時は、数日間の小さな家出を決行し、わざと母の神経を逆撫でることでささやかな仕返しをおこなった。

二度の自殺未遂も母に対する当てつけだったという。

たまこが警察や病院の厄介になることで、その都度母が慌てふためき、わめき散らし、右往左往する様を見ている時だけ、たまこはわずかながらも優越感に浸ることができた。

けれどもそうした一方で、たまこは心のどこかで、母が本当に自分のことを心配して、優しい言葉をかけてくれるかもしれないという思いも多少は抱いていたと語っている。

だが、彼女のそうした淡い期待に母が応えることはとうとうなかった。

家出から帰還した時も、二度の自殺未遂から生還した時にも、母親はたまこに対してひたすらヒステリックに怒鳴り散らしただけで、彼女の身を案じるような言葉も態度も、欠片《かけら》たりとも見せることはなかった。

だからたまこもとうとう、見切りをつけることにした。

二度目の自殺未遂を経験してまもなく、長年可愛がっていた飼い猫が亡くなったのを区切りに、たまこは最小限の荷物を抱えて長年暮らした生家を飛びだしたのである。

向かった先は仙台市。

最初の一週間ほどはネットカフェに泊まって、新しい住処と仕事を探していたのだが、事は彼女が思い描いていたようには運んでくれなかった。

勤め口は元より、住む場所すら見つからず、日に日に焦りが募っていくのと平行してわずかな貯金もしだいに底をつき始めてくる。

勇んで家を飛びだしてきた時に抱いていた希望は立ち消え、生きた心地もしないまま、夜の街を当て所《ど》もなくふらふらさまよい歩いていた時に、たまたま声をかけてきたのが、今の彼氏だった。

たまこよりも八つ年上で、三十代半ばになる彼氏は、不慣れな土地で行き場を求める彼女の目には、とても頼りがいのある存在に見えた。

彼氏もたまこに優しい言葉をたくさんかけ、たまこの悲惨な生い立ちに関する話にも多大な共感を持って親身に耳を傾けてくれた。

たまこにとって、こんなにまでも自分のことを深く理解してくれる人と出会ったのは、生まれて初めてのことだった。

わずかな間に心を許したたまこは、「困ってるんだったら、家に来いよ」と提案した彼氏の言葉を受け入れ、その日から交際と同棲が一緒に始まることになった。

当時のやりとりを振り返り、たまこは最初のうちこそ「地獄に仏」だったと語る半面、現状は先に触れたとおりである。正確なところ、彼女は地獄で仏に救われたのではなく、先の地獄から新たな地獄に足を踏み入れただけに他ならない。

それは彼氏との交際開始からおよそ一年後、二〇一六年の二月半ばに初めて私の許へ相談に訪れたたまこ自身も、身をもって理解していることだった。

たまこが初めて私に持ちこんだ相談内容は、彼氏からのＤＶ被害と生活収入に関する逼迫《ひっぱく》した状況からの救済だったし、その後も同じ用件で彼女は何度も足を運んでいる。

斯様《かよう》な生い立ちと流れがあって、こうした現在に至る娘である。

今はすっかり人が変わったような明るく奇妙な笑みを浮かべているが、半年前までは怯えた猫のような面差しを伏し目がちにして、小声で言葉を紡ぐような人物だったのが、「たまこ」になる前の本来の彼女の姿である。

およそ向いていないのだ。

おそらく本人は向いていると思っているのだろうが、それは単なる思いこみである。拝み屋という仕事柄、人が抱える悩み全般を引き受けているため、風俗関係の仕事に勤める女性たちとも、これまでかなりの人数と関わってきた。

彼女たちの仕事に対して過度な偏見や嫌悪の気持ちを抱いているわけではないのだが、少なくとも私がこれまで見てきた風俗関係の相談客の大半は、心のどこかを病んでいた。

薬や酒に依存して苦しんでいる者もいたし、当の本人は霊障だと主張していたものの、実際は強いストレスから生じる幻覚や幻聴に悩まされている者も多くいた。

そうした一方、わずかながらも健常な精神状態を保ち、商売繁盛や健康祈願の依頼で訪れる女性たちもいたのだが、長い年月、斯様な対比を意識の内で俯瞰《ふかん》すればするほど、つくづく思ってしまうことがある。

人に身体を売るという仕事は、それに適性を持つ人間が極めて限られるものなのだ。

この場合の「適性」というのは、容姿や年齢といった外形的な条件を指すのではない。精神力と自尊心に関する問題である。

常に自身の心のケアを怠らず、見失わないようにするだけの強い意志と自己管理能力。それに加えて特殊な仕事上、避けることは難しかろう、意想外の恥辱や侮辱に対してもさらりと受け流して割り切れるだけの自己客観性。

そのうえで自分自身が目指す将来をはっきりと見据え、周囲を取り巻く雑多な情勢に流されることなく、目的通りに仕事を勤めあげられるだけの自尊心と計画性。

こうした才が備わっている女性たちは、溌剌《はつらつ》とした表情で私の許を訪れ、あくまでも前向きな姿勢で自身が望む加持祈祷を依頼してくることが大半だった。

その一方、こうした条件に合致しない女性たちの大半は、いずれも心が病んでいたり、ひどく疲弊した状態で私の許を訪れ、ほとんどなんらの改善も見られることがないまま、フェードアウトしていくのが典型だった。

過去の事例から照らし合わせて判断すれば、たまこは明らかに後者のほうに該当する人物である。こんな仕事をするには、あまりに心が脆《もろ》すぎるのだ。

だから昨秋、彼女が風俗業を始めたいと語った時には「やめておいたほうがいい」と釘を刺したのである。

だが、年を跨いで三月《みつき》ほど経った二〇一七年の一月上旬。彼女は、「たまこ」という妙な源氏名をもらって、私がもっとも危惧していた状況に身を置いていた。

全ては彼女が自分自身の意志で決めたことに他ならないのだが、状況如何《いかん》によっては、もしかするとこうなる前に彼女を止める機会が他にもあったのかもしれないと考えると、私も責任を感じる部分があった。

実は前回、たまこが相談に訪れてからまもなく、十月の下旬頃からおよそ二ヶ月の間、私は一時的に自宅の仕事場における、対面相談の仕事を休んでいた。

長い話になるので詳細は省くが、この当時、私は恐ろしく厄介な仕事を抱えてしまい、ほとんど連日、この仕事一件に集中せざる得ない状況に陥ってしまった。

さらに加えて、下手に仕事場を開放しておけば、他の相談客らにもなんらかの被害が現れてもおかしくないような懸念も感じられた。

一計を案じた私は、当該の依頼が完全な解決を見るまで、一時的に対面相談の依頼を完全休止するという措置をとったのである。

かなりの危うい橋を渡りながらも、件の依頼がどうにか解決したのは、十二月の上旬。その間にたまこから二度ほど電話があったのだが、折悪くどちらの時も立てこんでいて出ることができず、忙しさに追われて、私は折り返しの連絡をすることもできなかった。今さら何を思っても遅いことではあったが、あの時、せめて彼女と電話で話すだけでもできていれば、もしかしたら踏みとどまらせることもできたかもしれない。

そんなことを考えると、私はひどく胸苦しい気分に苛まれた。

彼女の顔に浮かぶ奇妙な笑みを見つめていると、ますます胸が苦しくなってくる。

こんな笑みを浮かべてみせる女性は、以前にも何度か見たことがあった。

いずれもたまこと同じく、風俗業を始めると宣言して、実際に仕事を始めてしまった女性客の顔に浮かんでいた笑みである。

それは単に以前よりも収入が増えて、暮らしにかなりの余裕ができたことから生じる安堵の色も含まれていたのだろうが、そんなものは割合としてごくわずかだと私は思う。

実際的には「ある種の一線」を踏み越えた世界に身を投じたことで心が変容を来たし、どうにか平常心を保とうする本能と、自分は「他人とは違う世界に生きている」という、虚勢じみた優越感から生じる笑みなのではないかと、私自身は受け止めていた。

顔に浮かべる表情は「笑み」であっても、その笑みに幸せを感じ取ることはできない。どことなく開き直ったような、無理やり作って見せているかのような、ぎらぎらとしたとても悲惨な笑みである。少なくとも、私の目にはそう見える。

顔の造りは同じでも半年前までの彼女と今の彼女は、まるで別人のごとく感じられた。だから私は、今の彼女を以前の彼女ではなく、彼女自身が愛おしそうに名乗り明かした、「たまこ」という名で厭でも認識せざるを得なかった。

「心配しなくて大丈夫ですよ。仕事はすっかり慣れましたし、お店の人もみんな優しい人ばかりで、わたしのことを親身になって考えてくれてますから」

私の目には痛々しくしか見えない笑みをさらに明々《あかあか》と輝かせながら、たまこが言った。優しくされるのは当然だろう。店にしてみれば、たまこは大事な商品なのだから。

心の中で思いはしたものの、わざわざ口にはださなかった。そんなことを口にしたら彼女がどれだけ傷つくか、多少なりとも分かっているつもりだから。

今さら改めて「そんな仕事はやめたほうがいい」などと言ったところで、聞き入れてもらえないことも重々承知していた。彼女は彼女なりに、今の仕事に誇りを持っている。口ぶりからも顔つきからも、そうした気振《けぶ》りはありありとうかがい知ることができた。

そもそも今日、たまこが半年ぶりに私の仕事場を訪ねてきた理由も、客の数を今よりもっと増やしたいから、商売繁盛の祈願をしてほしいというものだった。

そのついでに「たまこ」という源氏名の姓名判断も依頼されたのだから、今の彼女に仕事をやめる気などさらさらないのは、火を見るよりも明らかだった。

仕方なく、不本意ながらも所望どおりに仕事をこなし、代わりに今後の指針について尋ねてみることにする。

「それについては彼氏と相談して、すでにはっきり決めてあるんです。結婚式を挙げる資金の準備ができたら、すっぱりやめようと考えてます」

少しはにかんだ色を浮かべながら、たまこは弾んだ声で答えた。

明日の暮らしさえままならなかった三月前までは、事あるごとにたまこへ暴力を加え、偉そうな説教を吐き散らしていた彼氏も今はすっかり優しくなって、たまこを褒めたり、抱きしめたり、出会った頃の気持ちに戻ってくれたのだという。

彼氏は今も働いていないそうだが、仕事自体は探しているのだという。彼氏も仕事が決まってふたりで稼ぐようになったら一緒に結婚資金を貯め、ささやかで構わないから結婚式を挙げようと、彼氏のほうから提案してくれたそうである。

そんなわけはないだろう。そろそろいい加減に目を覚ますべきである。

大体、自分の彼女に身体を売らせた金で、働きもせず遊び惚けているような男である。仕事を探しているなどという話は嘘に決まっているし、結婚式が云々《うんぬん》などという提案もたまこをうまく丸めこむための口実としか思えなかった。

だが、これも心の中で思いはしたものの、やはり口にはださなかった。件の彼氏については、他にもこれまでさんざん聞くに堪えない話を聞かされてきたし、その都度、「別れたほうがいい」と答え続けてきた。

だが、当のたまこ自身にそんな意思はないので、暖簾《のれん》に腕押しというものだった。これまで何度か、相談のさなかに「別れようかな……」とこぼしたことはあるのだが、次の相談に来る時も関係は続いたままで、何も変わることなどなかったのだ。

たまこ曰く、「別れたい」という気持ちはあっても、それと同じくらいに彼のことを好きだという気持ちも強いのだという。

それに加えて二年前の春先、夜の街場でさまよい歩いていたのを救《たす》けてもらった恩や、これまでふたりで育んできた思い出を振り返ると、どうしても踏ん切りがつかないとのことだった。

「確かにかっとなりやすいし、お金にだらしないところもありますけど、根は優しくてあったかい人なんですよ。だからもう少し、がんばってみようと思います」

毎度のごとく、最後にたまこの口から出るのは、こんな言い訳じみた台詞《せりふ》だった。

彼氏が振るう暴力に関しても、支援センターや警察の相談窓口を調べて教えたのだが、結局たまこはそれらに一度もコンタクトを取ることなく、今現在に至っている。

然様《さよう》に依頼主が自発的に動いてくれなくなると、拝み屋という仕事はとたんに不便な状況に立たされてしまう。

この仕事は基本的に、依頼主から乞われる案件については問題なく遂行できるものの、こちら側から依頼主に対して「これをしろ」や「するな」という強制権は持っていない。せいぜい「こうしたほうがいい」「これはしないほうがいい」という提案をするのが精一杯で、最終的な判断と行動は全て依頼主の気持ちひとつにかかっている。

だから正直なところ、半年ぶりにたまこと顔を合わせ、彼女の現状を知り得た時点で、私が拝み屋としてしてあげられることは、ほとんど何もないと判断せざるを得なかった。乞われれば商売繁盛や健康に関する祈願はできたとしても、そんなものは彼女にとって前を向かせるものにも、目を覚まさせるものにもならないのだから、意味はないと思う。

依頼主に対して有効な働きかけができなくなったと判断する以上、本音を明かすならこの日で私は、彼女からの依頼を一切打ち切ろうと考えていた。

だがその一方で、たまこの気持ちは違っていた。

「いつもご心配をかけてしまってばかりで申しわけないとは思うんですけど、それでもわたしはわたしなりに頑張ってみたいと思います。もしもよかったら、真弓《まゆみ》さんに挨拶してから失礼させてもらってても構いませんか？」

あらかた用件が済んだあと、少しだけ遠慮がちな視線を向けながらたまこが言った。

真弓というのは、私の妻である。歳は私より六つ下で、そろそろ三十二歳になる。歳が若干近いせいか、あるいは真弓が物静かで穏やかな気性を持つ女性だからなのか、私の許へ通い始めた頃から、たまこは真弓に懐いて言葉を交わすことが多かった。

真弓の他にも、我が家で飼っている二匹の猫たちにもご執心で、毎回相談が終わると居間にいる真弓と猫たちの許へ行き、つかのま楽しく語らい合って帰っていく。

これがいつもの習慣になっていた。

猫については、特に茶トラのペルという猫が、たまこが以前可愛がっていた飼い猫にそっくりなのだという。名前もペローといって、響きまでもがよく似ていた。

だからたまこは、ペルと遊ぶことも毎回楽しみにしていたのである。

私が相談を打ち切れば、そんなささやかな憩いもたまこから奪ってしまうことになる。

それは果たして、今の彼女に対して正しい判断であるのか否か。

悩んだ末に私は結局、今後も望まれる限り、たまこの話を聞き続けることにした。

仮に今はよくても、おそらく彼女はこれからどんどん、心を弱らせていくことだろう。

遠からぬ先、彼氏がついている嘘に気づいて打ちのめされる日がかならず来るだろうし、過酷な仕事に自分自身の在り様を見失い、自暴自棄に陥るかもしれない。

何よりも、過去に二度も自殺未遂を起こしている娘である。

三度目はないなどという保証は決してない。

むしろあって然るべきと見越しておくほうが肝要だろう。

そんなことにならないようにするためにも、今後も経過を見させてもらえれば多少は安心だったし、真弓や猫と接することでわずかなりとも気持ちが安らいでくれるのなら、それを奪い取ってしまうのはマイナスでしかない。

少なくとも、我が家を訪ねてくることが彼女にとって悪い影響にならないのであれば、これまでどおり付き合いを続けていこうと考えた。

ただ、それにはひとつだけ条件があった。

「できれば今の仕事のこと、真弓には話さないでもらえるかな？　一生懸命やっている仕事を否定する気は毛頭ないんだけど、真弓は神経が細いから、すごく心配すると思う。これだけは約束してもらえないかな？」

こちらも遠慮がちに言葉を向けると、たまこはふわりと柔らかな笑みを笑かべながら、「分かりました」と答えた。

その笑みだけには、三月前までの彼女の素朴で優しい面影がありありと滲んでいた。たまこが仕事場を辞してまもなく、居間のほうから彼女と真弓が交わす楽しげな声が小さく耳に届いてきた。

悲惨な境遇で育ちながらも過度に性根を歪めることもなく、健気に生きてきたはずの彼女が、今やさらにのっぴきならない状況に身を置いてしまっている。

それについて彼女自身が気づき、今後の道筋を真剣に考えてくれる日がくるかどうか。先行きに多大な不安を覚えながらも、まずは静かにたまこの同行を見守るぐらいしか、今の私にできることは何もなかった。

いってらっしゃい

菜々子《ななこ》さんが就職し、都心のマンションで初めての独り暮らしを始めた時のこと。

出社初日の朝、玄関口でなんとなく「いってきます」と言いながら、部屋を出た。

「いってらっしゃい」

ドアを閉めて鍵を掛けようとしたところへ、中から女の声が聞こえてきた。

その日は部屋に戻らず、まもなく別のマンションへ引越したそうである。

奇縁の家

会社員の明日美《あすみ》さんが、ネットオークションで古物のスカートを買った。

ところが落札後、出品者からメールで連絡を受けた明日美さんは驚いた。

出品者の名前は中島映子《なかじまえいこ》。明日美さんが高校時代に親友だった娘の名前である。

住所もやはり、映子さんの自宅のそれとまったく同じだった。

映子さんとは高校を卒業してから何年かは親交が続いたが、その後はお互いに仕事が忙しくなったこともあり、気づけば疎遠になっていた。もう十年以上も連絡はない。

物凄い偶然もあるものだな、とノートPCの液晶画面を前に感じ入る。

同時に、旧友との思いがけない邂逅《かいこう》に懐かしさもこみあげてきた。

すぐさま取引ページのメッセージ欄に「久しぶりだね。元気?」と返信した。

ところが向こうからの返事は「なんのことですか?」と、そっけないものだった。

人違いなわけがない。名前ばかりか、住所までもが一致しているのである。

もしや自分のことを忘れているのではないかと思い、改めてメッセージを送る。

しかし、向こうから返ってきたのは、やはり「存じあげません」との答えだった。

今度はお詫びのメールを送信すると、明日美さんはそれ以上の詮索はよした。

長い間、疎遠になっていたのだ。嫌われたのではないかと思ったのである。


それからしばらく経った頃。

お盆の時期に実家へ帰省することになった。

墓参りのあと、車で地元をぶらついていると、映子さんの自宅の近所へ差しかかった。

玄関先では明日美さんと同年代の女性と、彼女の娘とおぼしき五歳くらいの女の子が、プランターに水を撒いている。

見たこともない母娘だった。けれどもどうやら、この家の住人であるらしい。

引越したのかな……。

怪訝に思いながらも、明日美さんはその場を走り去った。

翌日。地元のショッピングモールで、高校時代のクラスメイトと偶然、顔を合わせた。フードコートでお茶をしながら互いの近況を語り合うなか、昨日からもやもやしていた映子さんの件を尋ねてみる。

クラスメイトの口から返ってきたのは、映子さんの自殺だった。

噂によると、八年ほど前に神経を患い、自宅で首を吊って亡くなっているのだという。

映子さんの死後、両親は自宅を引き払い、他県に引越したことも聞かされた。

だが、不思議なのはその後なのだと、彼女はさらに話を続ける。

空き家になった映子さんの自宅に引越してきたのは、三十代前半の若い夫婦だった。夫婦の姓は中島。奥さんの名前は映子なのだという。

一年ほど前に幼い娘を連れ、三人であの家に越してきたとのことだった。

「近所で何回か見かけたことがあるんだよ。さすがに顔は全然似ていなかったんだけど、前に住んでた映子と同姓同名で年頃も同じって、すごい偶然だよね」

ていうか、ちょっと気持ち悪い感じ。

小声で尻すぼみに言葉を切った彼女の言葉に、明日美さんも「うん」とうなずいた。

さらに半年ほどが経った、真冬の寒い時節。

突然かかってきたクラスメイトからの電話に、明日美さんは愕然となる。

例の新しく越してきた映子さんが亡くなったのだという。

狭い田舎のことだから、くわしい事情もすぐに知ることができたと彼女は語った。

自宅で自ら首を括って亡くなったのだそうである。

「なんだろうね。なんなんだろうね、これ……」

電話口で声を震わす彼女の言葉に返す答えが見つからず、明日美さんも声を詰まらせ、真っ青になることしかできなかった。

家はその後、ずっと空き家のままになっているが、今も変わらずにあるという。

血の家

上西《うえにし》さんは、住宅街の一角に建つ家に一家四人で暮らしている。

外壁に白いモルタルを使った二階建ての現代住宅で、築年数は十五年ほど。

三年前に中古で購入した。

住み心地は概ね快適で、一家の暮らしも基本的には平穏そのものである。

ただ、この家ではひとつだけ、時々妙なことが起こる。

初めにそれがあったのは、家を買ってまだまもない頃。休日の夜に一家がリビングでテレビを観ていた時だった。

上西さんがキッチンへビールを取りに行くため、座っていた座椅子から立ちあがると、ふいに奥さんが「きゃっ！」と悲鳴をあげた。続いて、中学生になるふたりの娘たちも悲鳴をあげる。

上西さんも驚いて、「どうしたんだ?」と尋ねると、奥さんに「お尻!」と叫ばれた。

見れば、穿いていたスウェットパンツの尻全体が、赤黒い血でべったりと染まっている。

尋常な量ではなかったので、すぐにパンツをおろして原因を調べにかかった。

ところが尻に傷らしきものは見当たらず、肛門から出血したような形跡も見られない。

さらには、今まで座っていた座椅子の尻部分にも血は一滴もついていなかった。

結局、どこから血が噴きだしたのか原因は分からず、一家は首を捻ることになった。


これが一度きりの出来事だったら、さして気にも留めないことだった。

せいぜい「不思議だったね」で済まされる話である。

しかし、その後も上西家では不可解な現象が続いている。


たとえばある日、リビングで奥さんが洗濯物を畳んでいる時だった。

手にふと違和感を覚えたので見てみると、手のひらが両方とも血まみれになっていた。

ぎょっとなって傷口を検めてみたのだが、どこにも傷などついていない。

さらには最前まで畳んでいた洗濯物にさえ、血はまったくついていなかった。

またある時には、長女がこんな体験をしている。

休日の昼下がり、自室のベッドに寝転がって本を読んでいたところ、背中にじわりと湿った感触を覚えた。なんだろうと思って見たところ、着ていたTシャツの背中一面が真っ赤な血に染まって濡れていた。

慌てて原因を調べてみたのだが、やはりどこから噴きだしたのかは分からなかった。


さらに別のある時には、こんなこともあった。

夕方、次女が風呂あがりに廊下を歩いていた時、足の裏にべたりとした感触を覚えた。裏返して見てみると、両足の裏が血に染まって濡れている。やはり傷口は見つからない。背後の床板には、真っ赤な足跡が三歩分ほど残されていたが、それだけのことである。足の裏に付着した血の出処は、結局分かることはなかった。


こんな現象が住み始めてから三年の間、時々思いだしたかのように起きる。

すでに家族全員が、複数回体験している。ただ、やはり原因は不明のままだという。

近所の住人たちから聞くところでは、家の以前の持ち主は家族も含めて皆健在らしく、過去に事件や人死にがあったわけではない。家が建つ前の土地は広大な畑だったそうで、上西家のみならず、近所に並ぶ五軒の家も同じく、元は畑だった土地の上に建っている。だから土地にも特に、不穏な曰くや因縁めいたものはなさそうだった。

けれども怪異は起こる。

それもなぜか上西家にだけ、血にまつわる怪異は発生する。

つい最近も食事をしていた上西さんの額から、真っ赤な血が一筋したたり落ちた。これも傷口など見つからず、どこから湧いた血なのか分からなかったそうである。

蛇の家

都内で会社員をしている澄香《すみか》さんから聞かせてもらった話である。

五年ほど前の夏場、澄香さんは彼氏の実家へふたりで泊まりに出かけることになった。

彼氏の実家は東北の田舎にあり、出かけるのはこの時が初めてのことだった。

当時、彼とは付き合い始めてそろそろ二年目。少し前からなんとなく結婚を意識した付き合いになっていたので、両親へ顔見せという意味合いを含んだ訪問でもあった。

新幹線から在来線に乗り継ぎ、長い時間をかけてようやく到着したのは、視界一面を緑に埋め尽くされた、想像していた以上の田舎だった。

無人の駅舎を出て目の前に見えるのは、淡い緑に色づく田んぼと、濃緑色に染まった峰の高い山々の姿。他に見えるものといえば、駅舎のそばに数軒立ち並ぶ古びた商店と、田んぼの中に点在する民家ぐらいのものである。

すごいところに来てしまったな……と驚いているところへ、駅舎の前に停まっていた車の中から声をかけられた。彼氏の父親だという。

挨拶を交わして車に乗りこみ、二十分ほどかかって彼氏の実家に到着した。

立派な庭が整えられた広い敷地の上に建つ、木造平屋建てのそれは大きな屋敷だった。周囲は鬱蒼とした雑木林に囲まれ、近くに民家は一軒もない。

「初めまして！　こんなに遠いところまで、ようこそいらっしゃってくれましたねえ！」

前庭に停められた車を降りるなり、玄関口から彼氏の母親が出てきて頭をさげた。

「こちらこそ初めまして。お会いできて光栄です。今夜はよろしくお願いいたします」

澄香さんも丁重に頭をさげて挨拶を返す。

と、その時だった。

「あっ、この畜生めッ！」

彼氏の父が突然声を張りあげ、庭のほうへと目を向けた。つられて視線を向けるなり、たちまち血の気が引いて凍りつく。

車のそばに植えられた黒松の木の根本に一メートル近くもある大きなシマヘビがいて、こちらに向かって這いだしてくるところだった。

父親は玄関口まで駆け寄るなり、戸の脇に立てかけられていた長い鉄パイプを掴んだ。

そしてすかさず蛇のほうへと向かっていくと、蛇の頭に向かって思いっきり鉄パイプを振りおろした。

すばん！　と鋭い音が空を切り裂き、鈍《にび》色に光る鉄パイプの先端が蛇の頭を直撃する。

真っ赤に染まった血肉を覗かせ、頭がぺしゃんこに潰れた蛇は、それでも細い身体を乾いた土の上でばたばたとくねらせていた。

「まったく、せっかくの時だっつうのにふざけやがって」

般若《はんにゃ》のごとき険しい形相をこしらえ、父親が頭の潰れた蛇に向かって吐き捨てる。

「ひひゃひゃひゃひゃひゃひゃひゃ！　いいじゃないのよ、ぶち殺したんだから！」

澄香さんの傍らに立っていた母親が、奇妙な笑い声をあげ始めた。

「あっ、親父！　まだいるぞ！」

そこへ彼氏が、家のほうを指さしながら叫んだ。

見ると、掃き出し窓に面した軒下にアオダイショウとおぼしき蛇がいて、青黒い身を左右にうねらせながら、庭のほうへと進んでいくところだった。

「この畜生がッ！」

再び父親が猛然と駆けだして、アオダイショウの頭に向かって鉄パイプを振りおろす。

一撃で頭を潰されたアオダイショウは、やはり身をばたつかせながら土の上でもがいた。

「また殺《や》った！　父ちゃんお見事！　ひひゃひゃひゃひゃひゃ！」

「昔っから蛇が多くてさあ、毎年これで困ってんだよ」

腹を仰け反らせて笑う母親の傍らで、彼氏がうんざりした顔でつぶやいた。

どうにか「そうなんだ……」と返すのが精一杯で、他には言葉が浮かんでこなかった。

蛇も気持ちが悪かったが、むしろその蛇を無慈悲に叩き殺した父親と、得体の知れない笑い声を吐き散らす母親のほうが薄気味悪いと感じられた。


その日は家にあがって以来、外には二度と出なかった。

母親から「庭に咲いてるお花を見せようか？」と言われたけれど、やんわりと断った。

またぞろ蛇を見るのは嫌だったし、蛇が殺される様を見せられるのも厭だった。

彼氏が言ったとおり、毎年春から秋にかけ、家の敷地に大量の蛇が現れるのだという。

下手に生かしておくと増える一方だから、出てくるたびに駆除しているのだそうである。

これがこの家で代々続く伝統なのだと、嬉々としながら彼氏の父親は語った。

話には付き合ったし、夕飯も一緒に食べたが、それ以上は神経が持ちそうになかった。

風呂に入らせてもらうと彼氏に耳打ちをして、寝床で休ませてもらうことにした。

並べた布団の上に寝そべり、それからしばらく彼氏と話をしていた。

けれども旅の疲れが押し寄せたのか、十時を少し回る頃、彼氏は寝落ちしてしまった。

澄香さんも眠ることにする。しかし、自分のほうは旅の疲れなどより、昼間見せられた陰惨な光景のせいで神経が昂《たかぶ》っているようで、なかなか寝付くことができなかった。

仕方なく、布団の中でスマホをいじって時間を潰していたのだけれど、眠気は一向に訪れることなく、時間ばかりが過ぎていった。

やがて深夜一時を回る頃、トイレに行きたくなって寝床をそっと抜けだした。

薄暗い廊下を渡ってトイレへ向かう。

トイレへ続く角を曲がると、廊下の向こうから誰かがこちらへ歩いてくるのが見えた。

真っ白い着物を着たそれは、首が異様に長くて天井に届きそうなほど高かった。

ふらふらと左右に揺れ動く長い首が、ぐねりと曲がってこちらへ突きだしてくるなり、澄香さんは悲鳴をあげて寝床へ戻った。

長い首の先にあったのは蛇の頭で、尖った口先からYの字に割れた舌をだしていた。

寝床へ戻りなり、彼氏を揺さぶり起こして事の次第を打ち明けた。

だが、彼氏のほうは「幻でも見たんだろう」と言って、まともに取り合ってくれない。

そこへ「ひひゃひゃひゃひゃひゃひゃひゃ！」と、母親の笑い声が聞こえてきた。

びくりとなって、「なんなのあれ？」と尋ねると、彼氏は事もなげに「夢」と答えた。昔からああやって、寝ながら笑うことがあるのだという。

死んだ祖母もそうだったらしく、「家系なのかね？」と彼氏が笑った。

嫁入りしてきた彼の母親とこの家の祖母は、血がつながっていないだろうと思ったが、口にだす気にもならず、代わりに「もういいよ」と答えて眠ることにした。

布団に入ってまもなく、母親の声も雨がやむように消えていった。


その後、東京に帰ってきてから少しずつ彼氏と距離をとり始め、ひと月ほどで別れた。

仮に結婚したとして、あの家に暮らすことはないにしても、あんな家の嫁になったら自分も寝ながら薄気味悪い笑い声をあげるようになるのではないか。

そんなことが脳裏をよぎった瞬間、すっぱり縁を断ち切ることにしたのだという。

終わった家

二〇一七年の二月半ばのことである。

国木《くにき》さんという男性から、電話で出張相談の依頼が入った。

家にお化けが出るので、祓ってほしいのだという。

「どんなお化けが出るんですか？」と尋ねたのだが、言葉を濁して答えてくれなかった。ただ、もうだいぶ前から家に棲みついているらしく、自分も含め、家族全員がほとほと困り果てているのだという。

住所を尋ねると、私の自宅から一時間ほど離れた町に国木さんの家はあった。

この程度の距離なら出張仕事でざらに出かけていくし、それについては問題なかった。ただ、ここ数年、私の体調はあまり思わしくなく、特に魔祓いや憑き物落としといった負担のかかる仕事をすると、決まって背中がずきずきと痛んで難渋させられていた。

国木さんの話しぶりから察するに、どうやら一筋縄ではいかなそうな案件だと感じた。

だから本音を言えば、できれば手掛けたくないという気持ちのほうが強かった。

しかし、詳細を語ろうとしない割に国木さんは、ひどく困りきった声音で礼儀正しく、何度も「お願いします」と繰り返した。

電話口から聞こえてくる悲愴な声を聞いていると、しだいに気持ちがぐらついてくる。

結局、依頼を承諾することになり、国木さんの家へ参じることになった。


それから数日後の朝、自宅を出発して国木さんの家へと向かった。

地図を頼りに四十分ほどかけ、どうにか彼の家が建つ町までにはたどり着けたのだが、町の中を走り始めてまもなく、道が分からなくなってしまう。

仕方なく路肩に車を停めて、国木さんの携帯電話へ連絡を入れた。

ところが何度コールしても応答がない。

ならばと思って、教えられていた自宅の番号へ連絡を入れてみる。

だが、こちらも同じく、誰も電話に出てくれなかった。

まいったなと思いながらも再び車を走らせ、町の中を進んでいく。

その後、どうにか自力で国木さんの家がある住宅地まで来ることができた。ところが今度は、肝心の家の場所が分からず、住宅地の中を右往左往することになってしまう。そうしているうちに約束の時間も近づいてきた。直接訊いたほうが早いだろうと考え、再び国木さんの携帯電話へ連絡を入れる。

しかし、国木さんはまたしても電話に出なかった。家の固定電話のほうも同じである。この時になって、私はふいに厭な予感を抱いてしまった。

ごく稀にではあるのだが、出張相談の依頼を騙《かた》るイタズラ予約があるのである。以前にも仙台市内や栗原市、ほとんど県境に近い大崎市の果てなど、偽の出張依頼にまんまと騙され、さんざんな目に遭ったことがある。

ちなみに今までいちばんひどかったのは、関西の某県まで出かけさせられた時である。高速バスを使って十三時間以上もかけ、指定された家に向かうと、中から出てきたのは、電話をよこした人物とは縁もゆかりもない他人だった。

仮にまたぞろ騙されているのだとしたら、ここまでひどい事態にはならないにしても、穏やかな気持ちではいられそうになかった。

厭な記憶がフラッシュバックするなり、背筋に変な汗が湧いてくる。

だが、まだそうだと決まったわけではない。いずれにしても教えられた住所へ行けば、はっきりすることである。多大に厭な予感を抱きつつも、再び車を発進させた。

その後、己の不安を解消したいという執念が実ったのか、まもなく家は見つかった。住宅地のいちばん奥にひっそりと建つ、色褪せたブロック塀に囲まれた家がそれだった。しかし、車で門口を抜けて敷地の中へと入った瞬間、最前まで私が抱いていた不安は、まったく別種の不安と驚きに塗り替えられることになってしまった。

国木家は、木造平屋建ての古びた雰囲気を醸す家だった。

そこまではいい。

だが家は、眼前に見える玄関戸を始め、家じゅうの窓という窓のガラスが一枚残らず、全て派手に割られていた。

玄関戸は全開になっていたが、家の中はしんと静まり返り、人の気配も感じられない。窓枠に残ったガラスの破片の間から、カーテンが風に揺られて動いているだけである。

造り自体は確かに古めかしいが、それでもここは無人の廃墟ではない。それが証拠に、前庭のプランターに咲く花を始め、生きている人の営みが随所に垣間見えた。

門口に掛けられた表札でここが国木家だということも、すでに確認済みである。

一体、この家で何が起きたというのか。想像すらもつかなかった。

恐る恐る車を降り、玄関口の前からもう一度、国木さんの携帯番号をコールしてみる。

だがやはり、応答はない。

続いて固定電話のほうに掛けてみた。

すると、玄関口の右側に面した居間らしき部屋から呼び出し音が聞こえてきた。

間違いなく、ここは国木さんの家なのだ。

呼び出し音を聞きながら、呆然とした心地で思っていた時だった。

玄関を挟んで居間の反対側に位置する家のいちばん左端で、何かが動く気配を感じた。

視線を向けた先にあったのは、巨大な女の首だった。

運動会の玉転がしに用いる、大玉ほどのサイズがある。白粉で固めたように真っ白な顔をしていて、長い黒髪をどろどろと虚空の四方八方に漂わせながら、薄暗い家の中を音もたてずに飛んでいる。

一目するなり、無理だなと思った。あんなものは、今の私に祓いきれるものではない。

女の顔を見るなり、勝手にわななきだした唇と両脚がそれを如実に物語っていた。

気づかれないようにと車に向かって静かに後じさるさなか、女も家の中を左から右へ向かって移動し始めるのが見えた。

薄暗い家の中には、部屋と部屋を仕切る壁なり、襖なりがあるはずなのに、女の首はそんなものなどお構いなしにふわふわと上下に揺れながら、家の中を進んでいく。

こっちを見るな。絶対に見るなよと思いながら後退し続け、私は車へ戻っていく。

ようやく運転席の前まで戻るとすかさず乗りこみ、あとはそのまま振り返ることなく、門口から猛然と車をだした。

こちらに気づいたかどうかは分からなかったが、それでも幸いながら、女の首が私のあとを追ってくることはなかった。

帰宅してから改めて国木さんに連絡を入れたが、やはり応答はなかった。

その後も日を置いて何度か連絡したものの、今に至るまで彼から返事は返ってこない。

ちなみに国木さんという名は、彼の本名を少しだけもじったものである。

もしもこれを読んでいて無事であるなら、ぜひとも連絡してほしいと思っている。

鏡

夜。
眉《まゆ》を剃るため、テーブルに置いた鏡を覗きこむ。
鏡に映る自分の笑顔。
こっちは笑ってなんかいないのに。

言ったのに

富家《ふけ》さんが付き合い始めた彼女と、ラブホテルへ出かけた時のこと。

部屋に入ってまもなくすると、それまで機嫌をよくしていた彼女の顔から笑みが消え、代わりにみるみる蒼ざめていった。

「ねえ、この部屋やばい。今すぐ出よう……」

縋りつくような目を向け、彼女が切羽詰まった声で言う。

事情を尋ねてみると、悪い霊がいるのだという。彼女は少しだけ霊感のある娘だった。

時々気持ちの悪い気配を感じて怯えることがあるという話を、以前に聞いたことがある。

だが、よりによってこんなタイミングで馬鹿馬鹿しいと思った。

「大丈夫だよ。なんかあったら、俺が全力で守ってやるから！」

大げさにガッツポーズをしてみせ、なんとか彼女を落ち着かせようと試みる。

だが、それでも彼女は首を横に振るばかりで応じる気配がまったくない。

「別にしたくないとかじゃなくって、この部屋がイヤなの。多分、他の部屋も全部だめ。他のホテルに行こうよ。そしたら何も問題ないから！」

きんきん声でがなりたてる彼女に対して、しだいにうんざりしてくる。

「今さら言われたって、金がもったいないじゃん。そんなの気にしなくっていいんだよ。先にシャワー浴びてくるから待ってて」

準備さえしてしまえばこっちのものだと思い、バスルームの中へ入っていく。


次に覚えているのは、自分の顔を上から覗きこむホテルの従業員たちの顔だった。

富家さんは素っ裸になって、ホテルの廊下の上で仰向けになっていた。

しかも全身には真っ赤な線で、何やら薄気味の悪い模様がびっしりと描かれている。

従業員たちの傍らに立っていた彼女から「大丈夫？」と尋ねられたが、どう答えればいいのか分からなかった。

「何があったんだ？」と尋ね返すと、「やっぱり覚えてないんだ」と彼女は言った。

十分ほど前のことだという。

彼女が部屋のソファーに腰かけて待っていると、バスルームに入っていた富家さんが全裸になって飛びだしてきた。賑々しい笑みを満面に浮かばせ、ぎらぎらと光った目で彼女を見つめる富家さんは、ひと目で正気でないと分かった。

彼女が悲鳴をあげて飛び退くと、富家さんは奇声を発しながらソファーに置いていた彼女のバッグを掴みあげ、中から口紅を取りだした。

それを使って、今度は陽気な調子で怪しい音色の鼻歌を口ずさみつつ、身体じゅうに縄文土器の縄目文様みたいな得体の知れない模様を描き殴り始める。

そうして手早く全身に模様を描き終えると、彼女の制止を振り切って部屋を飛びだし、奇声をあげつつホテルの中を走り回ったのだという。

「大丈夫そうですか？」

いかにも「関わりたくない」といった調子で従業員たちにも尋ねられたので、今度は「大丈夫です……」と答えた。

それ以来、ホテルを利用する時は、彼女の意見をかならず聞くようにしているという。

奪い合う

税理士の菊田《きくた》さんは、数年前から慢性的な肩こりと、疲労感に悩まされていた。日々の仕事はそこそこ忙しかったが、毎日の休憩や休日がとれないようなことはなく、睡眠時間も十分確保できているはずだった。だが肩は、常に締めつけられるかのように重苦しく、どれだけ寝ても身体は朝から疲れきって、仕事に身が入らない。

そんな状態が延々と続いていた。

医者から処方された肩こりの薬もまるで効き目がなく、栄養ドリンクを何本飲んでも疲れはとれるどころか、むしろ具合が悪くなるばかり。

ほとんど藁にも縋る思いで、地元の霊能者の許へ相談に出向いてみたこともあったが、「背中に何かが憑いている」などと思わせぶりなことを言われただけで、症状は一向に改善されず、厭な気分にさせられただけだった。

長引く身体の不調に悶々とした日々を繰り返していた、ある時のことである。

仕事関係の知人から、たまさか「肩こりの名医がいる」という総合病院の話を聞いた菊田さんは、物は試しということで件の病院を訪ねてみることにした。

病院は、菊田さんの地元からふたつ隣の市街地にある。車を敷地内の駐車場に停めて建物を見あげると、六階建ての大きな造りをしていたが、白色の外壁はくすんで黒ずみ、壁に沿って張り巡らされたパイプ類も、赤茶けて錆が浮いているのが目立った。

長い歴史を擁する立派な病院と思えばそうなのだろうが、なんとなく雰囲気が陰惨で、不安な気持ちに駆られたというのが、菊田さんの思い抱いた正直な感想だった。

玄関をくぐり、受付に保険証を預けると、待合ホールの長椅子に座って順番を待った。待合ホールはそれなりに混み合っていて、外来患者の静かな話し声や、咳こむ音などがさわさわと耳に入ってくる。

それから一時間ほど、辛抱強く待ち続けた。だが、自分の名前を呼ばれる気配はなく、しだいに小腹も空いてきた。売店でパンでも買って食べようと思い立ち、だるい身体をふらつかせながら、待合ホールの片隅から伸びる廊下へ足を踏み入れる。

売店を求め、何度か角を曲がって進んでいくも、両脇の壁には投薬室やＭＲＩ検査室、トイレなどがあるばかりで、売店は一向に見当たらない。

それでも意地になって廊下をさらに奥へ進んでいくと、いつのまにか視界いっぱいに墨を溶いたような、薄暗い廊下の一角へと迷いこんでしまった。

辺りには薬品と黴《かび》の混じったような臭いが色濃く漂い、おまけに人の姿もまるでない。さすがにこれ以上先へ進んだところで、売店などないだろうと判じる。

ため息をつきながら、踵を返そうとした時だった。

ただでさえ締めつけられるように重苦しい肩の筋肉が、さらにぎゅっと激しく強張《こわば》り、嘔吐《えず》きそうなど気分が悪くなった。

顔をしかめながら前方に目を向けると、廊下の角から看護師が出てきたところだった。

救けを求めようと、口を開きかけた瞬間である。

看護師がこちらに目を向け、黄ばんだ歯を剥きだしにして仰々しく嗤《わら》った。

顔色はまるで死人のように蒼ざめ、目は真円に近いほど、大きく丸く見開かれている。

よく見ると、ナースキャップと白衣には乾いた血や薬品の染みが点々と噴き散らばり、袖やスカートの裾はぼろぼろになって解《ほつ》れていた。

直感的に〝生身の人間〟ではないと思った。同時に、肩の痛みがますます激しくなる。めきめきと音が聞こえてきそうなほど、痛みがひどくなってきた時だった。

両肩に「ぽん！」と強い衝撃を感じたかと思うと、肩の痛みが跡形もなく消え失せた。続いて目の前に「ぶわり」と何か白いものが現れ、看護師に向かって突き進んでいく。

着物姿の髪の長い女だった。

女は宙を滑るようにして看護師の眼前まで一直線に接近すると、両手を看護師の首へまっすぐ突きだして掴みかかろうとした。

ところが看護師はするりとそれをかわし、逆に女の首を片手で引っ掴んだかと思うと、ぎりぎりと凄まじい勢いで締めつけ始めた。

果たして今、自分の目の前で一体何が起きているのか。

事態を頭が呑みこめないまま、その場に呆然となって立ち尽くしていると、看護師に首を絞められていた着物姿の女が突然、煙のようにぶわりと掻き消えた。

とたんに看護師がこちらへ向き直り、寒々とした笑みを浮かべながら歩み寄ってくる。

急いで逃げようとしたが、駄目だった。直立したまま腰が抜けたようになってしまい、両脚にまったく力が入らない。

そうしているうちにも、看護師はこちらへ向かってずんずん近づいてくる。

やがて看護師の顔が目と鼻の先まで近づいたかと思うと、次の瞬間、看護師の身体が菊田さんの身体にまるで、吸いこまれるようにしてぐいぐいとめりこんできた。

ここで菊田さんの意識はぐらりと歪んで、そこから先の記憶がない。再び気がつくと、病院の駐車場に停めた自分の車の中にいたという。


この一件以来、菊田さんの肩こりと倦怠感は、以前に比べて一層ひどいものになった。さらには偏頭痛と背中に走る鋭い痛みまで加わり、どうしようもない状態だと語る。

自分の身体から白い着物姿の女が抜けだし、代わりに今度は看護師が入りこんできた。事実をそのまま受け止めると、身体の不調の原因にも合点がいき、肌がうそ寒くなった。体調はますますひどくなる一方で、仕事も休みがちになってしまったという。

これでは以前の女のほうがまだマシだったと、菊田さんは語っている。

ピパピパ

ある日の夕暮れ時のことである。

近所のスーパーへ買い物に行っていた真弓が、血相を変えて帰ってきた。

「どうしたのか?」と尋ねると、真弓は真っ青な顔でしきりに両腕を掻きむしりながら、

「気持ち悪いもの見たの……」と答えた。


つい先ほど、スーパーで買い物をしていた時のことだという。

買い物かごを片手に売り場を歩いていると、通路の前方からひとりの女が歩いてきた。

歳は三十代の半ばほど。服装は黒いブラウスに白いスカートを穿いていた。

女は顔色が紙のように薄白く、ふらふらと身体を左右に揺らしながら、おぼつかない足取りで歩いていた。一目するなり、今にも倒れてしまいそうだなと真弓は思う。

横目で不安げに様子を見守るなか、まもなく女が真弓のそばを通り過ぎていった。

大丈夫かなと思って振り返った瞬間、ぎょっとなってのどから声が漏れそうになる。

黒いブラウスに包まれた女の背中には、小さな顔がびっしりと並んでいた。

よく見るとそれは、全て赤ん坊の顔だった。

ピンポン玉ぐらいのサイズをした赤ん坊の丸い顔が、女の背中一面を隙間がないほどびっしりと埋め尽くし、それぞれの顔が瞬きをしたり、ぎょろぎょろと目を動かしたり、小さな口をぱくつかせたりしている。

どう見ても作り物とは思えず、気持ちが悪くなってきた真弓はそのまま買い物をやめ、店を飛びだしてきたのだという。


「ちょうど、ピパピパみたいな感じだった……」

今度はしきりに背中を掻きむしりながら、今にも泣きだしそうな顔で真弓が言う。

ピパピパとは、南米に生息する蛙の一種で、和名をコモリガエルという。

この蛙は繁殖期になると、メスの背中の皮膚がスポンジ状に軟化して、受精が済んだ粒状の卵をオスがメスの背中へ押しこみ、メスは背中の内部で卵を保育する。

やがて孵化した卵は、オタマジャクシを経て蛙の状態まで成長すると、母蛙の背から一斉に顔を覗かせるのだが、真弓が先刻目撃した女の背中は、その強烈なビジュアルと見事なまでに相通じるものがあるのだという。

「あの人、何かにとり憑かれていたのかな？　たとえば水子みたいなものとかに」

顔をしかめながら真弓が言うが、私もそんな薄気味の悪い症例は見たことがない。

「さあね」と返すぐらいしかできず、真弓の疑問に答えをだすことはできなかった。

その後も真弓は同じスーパーに通い続けているが、店の中で同じ女を見かけることは一度もないそうである。

綺麗な歌声

「下手したら、あのまま死んでたかもしれませんね……」

大学生の上地《かみち》君から、こんな話を聞かせてもらった。

数年前の春。東京の大学に進学した上地君は、春から都内で独り暮らしを始めた。

母とふたりで不動産屋を巡り、ようやく見つけだしたのは、大学から三駅ほど離れた住宅地に建つ築四十年ほどの古アパート。

外観こそは経年なりに古寂びて見えたが、部屋は比較的綺麗な状態で、学生ひとりが暮らす分には、なんの問題も感じなかった。

月々の家賃も及第だったので、両親からも入居の承諾を得た。入学前の三月下旬には引越し作業をあらかた終わらせ、上地君は都内での独り暮らしを開始した。

入学式を終え、本格的な大学生活が始まった四月半ばの頃からである。

上地君は自室にて、不可解な声を聞くようになった。

声の主は女。それもどうやら若い女性のそれだった。声は若干くぐもって聞こえたが、声にははっきりとした旋律があることが分かった。

子守唄か、あるいは古い伝承童謡を彷彿させる、耳朶《じだ》をくすぐるように心地よい旋律。女の声は、そんな優しい調べをしきりにハミングしているようだった。

上地君が初めて声を耳にしたのは、夜の十一時過ぎのことだった。

アパートは三階建てで、上地君の部屋は一階にある。声は頭上から聴こえてきたので、上の階に住む住人が、風呂でも入りながら鼻歌を口ずさんでいるのだと思った。

声は数分ほど柔らかな声色でハミングを続け、それからふつりと止んだ。


翌日以降も、声は聞こえた。主に深夜の時間帯が多かったが、時には土日の昼日中や平日の夕刻などに聞こえてくることもあった。

声の調子はいつも同じで、耳に優しく届く子守唄のような、伝承童謡のような旋律を毎回、数分間にわたって揚々と流し続けた。

声質から察するに、きっと綺麗な女性に違いない。

当時、彼女のいなかった上地君は、まだ見ぬ声の主に俄然興味を抱き始めた。

その後は声を聞くのがますます楽しみになってしまい、講義が終わって部屋へ戻ると、声が聞こえてくるのをいまかいまかと待ち侘びるようになった。

声もそれに応えるかのように、朝方や平日の昼日中にも聞こえてくるようになった。

優しい音色で唄う声に聴き入っていると頭がくらりとなって、陶然とした心地になる。

何遍でも、いつまででも聴いていたいという気持ちがいや増し、しだいに大学を休んで一日じゅう部屋へ籠るようになっていった。


そこから先の記憶は曖昧で判然としない。

ただ、ずっと歌を聴いていたという記憶だけは薄っすらと残っている。

上地君の意識と記憶が再び鮮明になるのは、歌声が聞こえ始めてひと月以上が経った、五月の半ば過ぎのことだった。

上地君は都内の病院に入院していて、青白く痩せ衰えた細い腕に点滴を打たれながら病室のベッドに寝かされていた。

付き添いのため、実家から上京してきた母の語る説明によれば、四月の下旬辺りから上地君とほとんど連絡が取れなくなってしまったらしい。

五月の連休前に「実家には帰らない」と連絡が来て以来、電話をしても出ないことが多くなり、仮につながっても寝ぼけたような声で反応が鈍い。

そのうちとうとう一週間近くも電話に出なくなってしまったので、厭な予感を覚えてアパートを訪ねてみると、真っ青な顔で部屋の中に倒れていたのだという。

栄養失調による衰弱とのことだった。


その後、アパートを引き払い、都内の別のアパートへ引越してからは、怪しいことが起こることはなかった。

歌声の主が何者であったのか。どんな目的があって、自分をあんな目に遭わせたのか。

結局、何も分からないまま引越したのだけれど、あのまま誰にも気づかれなかったら、件の歌声をあのままずっと聴き続けていただろうと、上地君は語る。

「仮にそんなことになっていたら、死んでいたかもしれませんよね……」

蒼ざめながらつぶやくと、上地君はぶるりと肩を震わせた。

自業自得

夏の夕暮れ時、荷之上《にのうえ》さんが街場へ買い物に出かけた時のことである。

人気の少ない路地裏に建つ玩具店で買い物を済ませて店を出ると、狭い路地の前方を七歳ぐらいの少女が、こちらに背を向け歩いているのが目に入った。

長くてまっすぐな髪を肩口辺りで切り揃え、服装は袖と裾にレースのフリルがついた白いワンピース。腰には薄いピンク色のリボンが揺れている。

後ろ姿を見ただけでドキリと胸が高鳴り、うなじもぞくぞくし始めてきた。

たちまち堪らない気分に陥り、少女へ向かって足早に近づいていく。

荷之上さんはロリコンだった。昔から幼い少女にしか興味のない男だったのである。

とはいえ、これまで人としての一線を越えるような真似だけは一度もしたことがない。

あくまで幼い少女の姿を目で楽しみ、空想の中で愉しむだけに留めてきた。

だが、この時だけは欲情が抑えきれそうになかった。

早足で少女に近づいていく理由は、彼女の顔を見たいから。ただそれだけのことだと頭では理解しているのだけれど、少女に近づいていけばいくほど気息が荒々しく乱れて、胸の高鳴りは増すばかりだった。

やがて少女の脇まで達し、追い越しざまに横目で顔を覗き見る。

求肥《ぎゅうひ》のようにきめの細かくしっとりとした肌質に、大きな目、ぷくりと膨らんだ唇が得も言われぬほどに可愛らしい、まさに荷之上さんが好みの少女だった。

堪らず微笑みかけると、少女も荷之上さんの目を見てにっこりと微笑んだ。

「遊ぶ?」と尋ねると、少女も「遊ぶ」と答えて、荷之上さんに歩み寄ってきた。


以来ずっと、遊び続けているのだという。

その夜から少女はたびたび、寝ている荷之上さんの首を絞めるようになった。

荷之上さんの身体へ馬乗りになって首を絞めている間、少女はずっと微笑んでいる。

そうして荷之上さんが意識を失うまで、子供とは思えない凄まじい力で首を絞め続ける。

首を絞める時以外、少女が姿を現すことはないという。

たまことペロー

二〇一七年三月初旬。

前回の訪問からふた月ほどの時間を開けて、再びたまこが私の許を訪ねてきた。

この日、彼女が私の許を訪れたのは、件の仕事に関する相談でもなく、彼氏に関する問題でもなく、可愛がっていた猫の供養をしてもらうためだった。

たまこの愛猫ペローは、彼女が実家を飛びだすひと月ほど前、二〇一五年三月初旬に十年近い天寿を全うし、たまこが優しく抱きしめる腕の中で彼女にさよならを告げた。

ペローという名前の由来は、『ながぐつをはいた猫』の原作者シャルル・ペローから拝借したものなのだという。

我が家の飼い猫ペルと同じ、茶トラの雄猫で、とても優しく賢い猫だったそうである。母親よりも大事な家族だったと、たまこは語る。

昨年も私は、たまこに乞われてペローのために供養の経をあげていた。愛猫の命日を忘れずに訪ねて来てくれて、まずはほっとする。

だが、わずかふた月ほどの間に、たまこの顔つきはまた一段と変わっていた。

「おかげさまで忙しくさせてもらっているんですけど、疲れもだいぶ溜まっていて」

言いながら微笑を浮かべるたまこの顔は、勝ち誇っているかのような自信に満ち溢れ、きらきらした目を瞬かせている。

だがその一方、頰の肉は若干瘦せ落ちて、唇も少し薄くなってしまった印象を受ける。揚々と浮かべる笑みとは対照的に、面相自体は衰えたように感じられた。

「あんまり無理しないほうがいいだろうね」

「いえいえ、倒れない程度には無理しますよ。早くお金を貯めて卒業したいですし！」

一応、言ってはみたが、彼女から返ってきたのは、予期していたとおりの言葉だった。

身体を壊すより先に、心が壊れなければいいがと思う。

過度な気遣いは、かえって反発を招くだろうと判じ、適当なところで話を切りあげてペローの供養をさせてもらうことにした。

座卓の前から立ちあがり、仕事場の一角に設えた祭壇に向かって腰をおろす。

実家を飛びだし、今の愚鈍な彼氏と暮らし始めるようになってからも、ペローは時々、たまこの前に現れる。

無論、生身のペローではないし、生身のたまこの前に現れるわけでもない。

ペローはたまこの夢の中に現れ、生きていた頃と同じようにたまこの膝の上に乗って甘えたり、頬を擦り寄せてきたりする。そうして、夢の中でペローと戯れて目覚めれば、いつもたまこの手にほんのりと、ペローの温もりが残っているのだという。

夢は彼氏に暴力を振るわれた時や、金欠で月々の支払いに頭を悩ませている時などに見ることが多かった。

きっとペローは、たまこのことを心配しているのだろうと私は思うし、たまこ自身もそんなふうに思って、夢を見るたびにペローへ感謝の気持ちを欠かさなかった。

今の仕事を始めて彼氏が暴力を振るわなくなり、月々の金策に困らなくなってからも、ペローは夢に出てきてくれることがあるという。

「きっとわたしに『がんばれ』って応援してくれてるんでしょうね」と、たまこは語る。

けれども私の解釈では、ペローは以前と同じく、あるいはそれ以上にたまこのことを心配しているのだろうと思っていた。

供養の経が終わって少し世間話をしたあと、たまこはいつものように居間へと向かい、真弓とペルを相手にしばらく楽しい時間を過ごして帰っていった。

なんとか今のところは大丈夫そうだったが、危ういものだという印象は拭えなかった。

できれば経過を確認したいので、今度はいつ訪ねて来てくれるのだろうという思いと、痛々しくて見ていられないので、できればもう二度と来てほしくないという思い。

どちらを望んでも胸が痛くなってくるようなアンビバレンスに太い息を漏らしながら、私は庭先に停められたたまこの車が走りだすのを、廊下の窓から見送った。

バウンド

ある日の午前中、主婦の志枝子《しえこ》さんが居間でテレビを観ていた時だった。

ふいに頭上から、ぼん！　ぼん！　と鈍い音が聞こえ始めて、ぎくりとなった。

音は二階のほうから断続的に聞こえてくるのだが、今は家人が全員出払っているため、家にいるのは志枝子さんひとりである。

音の調子といい、間隔といい、バスケットボールをドリブルするような印象を抱くも、無人の家内でそんな音をだしているものとはなんだろうと思った。

つかのま、耳をそばだてて様子をうかがっていたのだが、音は一向に止む気配がない。原因を突きとめるため、二階へ続く階段を上っていく。

怪しい物音はどうやら、二階のいちばん奥に面した部屋から聞こえてくるようだった。美容専門学校に通う娘が使っている部屋である。

忍び足で恐る恐る近づいていくにつれ、音はますます大きく聞こえてくる。

どうしたものかと思ったが、開けてみないことには、どうすることも考えられない。

思いきってドアを開けると、部屋のまんなかで何かが激しくバウンドしていた。

長い髪の毛をばさばさ揺らしながら、バスケットボールよろしく上下に跳ねるそれは、こちらにうしろを向いて跳ねてはいても、どう見たって女の生首にしか見えなかった。

生首が娘の部屋のカーペットの上で、ぼんぼん音をたてながらバウンドしている。

分かるや否や、のどから勝手に悲鳴が放たれた。

とたんに首がくるりとこちらを振り向き、目が合った。

志枝子さんがはっとなって身構えるなり、首はぼとりと床へ転がり、動かなくなる。

恐る恐る見てみると、それは生身の女の生首ではなかった。マネキンである。

娘が学校で使っているとおぼしき、練習用のカットウィッグだった。

見覚えがなかったので、いつのまにこんなものを部屋に置いていたのだろうと思った。

今しがた見てしまった光景を思いだすと、できれば今すぐにでも処分したかったのだが、娘の私物とあっては仕方がない。びくつきながらも、娘の帰りを待つことにした。

「ああ、あれ？　友達の形見分けにもらったの」

夜になって帰宅した娘に尋ねると、少し前に亡くなった同級生が学校に残していった品々を、友人たちで分け合ったのだという。

「亡くなったって、病気？」

「んーん。自殺だったみたい。彼氏にふられたショックで死んじゃったって聞いた」

「ああ……それではな」と思い、背筋がみるみるうそ寒くなった。

昼間の一件を娘に伝えるなり、娘もたちまち蒼ざめて、「処分するね……」と言った。

カットウィッグは、その日のうちに娘が捨ててきたそうである。

マジですか？

ある夏の日のことである。千弥子《ちやこ》さんが古本屋で怪談実話の本を買った。日頃は大して興味はないのだけれど、季節柄、ちょっぴり怖いひと時を楽しみたくて読んでみようという気になった。

夜になって、さっそく自室で読み始めてみる。ところがまったく怖くない。いずれの話も文章が幼稚なうえ、いかにもありきたりで退屈な話ばかりが延々と続く。半分ほど読み進める頃には、すっかりうんざりしてしまった。

「はっきり言って、すっごいつまんないですけど……」

「マジですか？」

ため息混じりにつぶやいたとたん、背後でぼそりと男の声が聞こえてきた。

本を持って家を飛びだすなり、近くのコンビニのゴミ箱へ捨ててきたという。

また売る

堀米《ほりごめ》さんがリサイクルショップで中古の電気炬燵《こたつ》を買った。

表面板は擦り傷だらけで脚にも少々がたつきがあったが、炬燵布団もセットになって驚くほど安かったので、一も二もなく飛びついた。

さっそく自宅アパートの居間に設えて足を突っこんでみると、温もりも申し分なく、改めていい買い物をしたと喜んだ。


それから数日経った夜のこと。

堀米さんがキッチンへ行って居間に戻ってくると、炬燵布団の中から女が首をだしてこちらをじっと見あげていた。

「うおっ！」と悲鳴をあげるなり、女は首を引っこめて炬燵の中へ潜っていった。

嘘だろ……と思いながら、恐る恐る炬燵布団を捲りあげてみると、中はもぬけの殻で女の姿はなかった。けれどもそれは、女が生身の人間ではなかったという証しにもなる。どうしたものかと思い悩む。

だが、せっかく買った掘り出し物をみすみす手放すのは癪《しゃく》だった。

せめて元を取るまでは使いきってやろうと思い、怖気をふるって炬燵に足を突っこむ。とたんに炬燵の中から両脚を思いっきり引っ張られ、身体が仰向けに倒された。

再び悲鳴をあげながら身を捩り、どうにか炬燵から脚を抜きだす。

心臓をばくばくさせつつ炬燵布団を捲りあげると、中にはやはり誰もいなかった。

翌日、同じリサイクルショップで炬燵を売り直した。

手元に戻ってきた金は、元の三分の一にもならなかったが、仕方がないと割り切った。

こんなことがあったおかげで、炬燵は二度と買う気にならなくなったそうである。

それが原因

ある日のこと、須藤《すどう》さんという三十代の男性が、私の仕事場を訪ねてきた。

最近、体調が優れないのでお祓いをしてほしいのだという。

仕事場に通して挨拶を交わし、早々と本題に入ろうとしたのだが、そこへ須藤さんが持参したカバンから大きな茶封筒を取りだして見せた。

「実は僕も昔から大の怪談マニアで、自分でもいろいろ体験談を聞いて回ってるんです。集めた話を全力で書きまとめたので、何かアドバイスをいただけませんか？」

土気色に黒ずんだ、いかにも具合の悪そうな顔に弾んだ笑みをこしらえ、須藤さんが私の前に封筒を差しだす。

なるほど、本題はこっちのほうだったか。

仕方ないなと思いつつも封筒を開け、中に入っていた紙束を取りだす。

紙には三十話分ほど書き綴られた怪談話がプリントされていたが、大変僭越《せんえつ》ながらも筆づかいは稚拙で、採集したという怪談の内容自体もありふれたものばかりだった。

アドバイスと言われても、何をどう伝えたらいいだろう……。

まいったなと思いながら、時間稼ぎのつもりで何度も紙を捲り直して原稿を読み返す。

だが、繰り返し原稿を読んでいくうちに、なんだか微妙に気分が悪くなってきた。

動悸が少し速くなり、背筋もかすかにぞくぞくしてくる。しだいに吐き気も覚え始め、ついには頭も痛くなってきた。

紙面に綴られた話はいずれをとっても、大して怖いと感じるものではないし、気分が悪くなるような内容でもない。なのに読めば読むほど、どんどん気分が悪くなってくる。

「いや、なかなか悪寒を催す感じに仕上がっていると思います。すごいですね」

文字を見るのに耐えられなくなり、渋々顔をあげて率直な感想を伝える。

「そうですか、光栄です！　自分なりにいろいろ工夫もしたので、嬉しいです！」

やはりすこぶる具合の悪そうな顔に笑みを浮かべて、須藤さんが喜ぶ。

「なるほど。工夫は大事ですね。ちなみにどういう工夫をされたんですか？」

嘔吐《えず》きそうになりながらも、回復するまでの時間稼ぎと思って質問をぶつけた。

「名前です！　怪談実話に登場する人物って、AさんとかBさんとかのローマ字表記か、体験者の本名とは違う仮名表記ですよね？　僕はその仮名にこだわりがあるんです！」

確かに須藤さんが書いた怪談話に登場する人物は全て、浜崎、山西、森永、といった仮名表記になっている。だが、どんなこだわりがあるのかは分からなかった。

「一見すると、普通の名前のように感じてしまうんですけど、どんなこだわりが？」

尋ねるなり、彼は予想だにしなかった返事を寄こした。

「その名前全部、葬儀の案内看板から拝借してるもんなんです！」

須藤さん曰く、外出中に葬儀の案内看板を見つめると、故人の名前をメモに書き留め、自作の怪談に登場する体験者の仮名として使っているのだという。

読んでいて具合が悪くなってきた原因がよく分かった。

同時に彼の体調不良の原因も判明する。

「やめたほうがいいですよ。そのうちとんでもない目に遭うと思います」

申し伝えると、私は須藤さんが書いた原稿の紙束を祭壇の上に祀り、お詫びのお経を唱え始めた。

信じるしかない

都内でＩＴ関係の仕事をしている向井田《むかいだ》さんは、心霊現象全般の否定論者である。

金縛りは脳の誤作動。心霊写真は単なる思いこみか、ＣＧなどを用いた捏造《ねつぞう》品。

幽霊や狐狸妖怪の目撃譚は体験者の幻覚か、さもなくば虚偽の告白に過ぎない。

なんでもかんでも、「霊の仕業だ」「超常現象だ」と決めつけてしまう輩《やから》が大嫌いで、そんな話題が周囲で飛びだすたび、理詰めで反論してはねじ伏せてきた。

ところが、そんな彼に最近できた恋人は、こうした方面が大好きな女性だった。

テレビで心霊関係の話題が流れていると、目を輝かせて画面に食いつくし、愛読書もスピリチュアルや怪談関係のものが多い。

相手が近しい身内や勤め先の同僚ぐらいなら、平素のごとく鼻で笑い、手加減なしでやりこめてやるのだが、相手が付き合い始めたばかりの彼女では、そうもいかなかった。

デートのさなか、時折話題に上る怖い話やオーラの話題に、心にもない笑みを浮かべ、相槌を打つ日々がしばらく続くことになった。


そうしたある日、彼女が怪談会のイベントに行きたいと言いだした。

やんわり断ったものの、彼女のほうはしょげた顔を向けてくる。

仕方なく、渋々ながらも彼女の願いに答えることにした。

怪談会の会場は山手線の沿線にある、割と人通りの多い街中のホール施設だった。てっきりこういう催しは、寂れた寺の本堂やら廃屋やらでやるものだと思っていたので、微妙に肩透かしを喰らった感じだった。

会場に入ってまもなくすると、開演の時間がやってきた。

怪談師に怪談作家、心霊研究家などと名乗る人物が次々と舞台にあがって、怖い話を披露していく。隣に座る彼女は夢中になって話に聞き入っていたし、周りの観客たちも舞台にあがった演者の姿を食い入るように見つめ、心底楽しんでいる様子だった。

けれども向井田さんには、いずれの話も眠たくなるような与太話にしか聞こえない。彼女を含む周囲との温度差に、どんどん居心地が悪くなっていく一方だった。

　そのうちとうとう耐えきれなくなってしまい、トイレを口実にして会場を抜けだした。用を足したら少しの間、どこかで適当に時間を潰そうと考える。

　トイレに入ると、水色の病院着を着た男が小便をしているところだった。

　五十絡みとおぼしき、頭がバーコード状に禿げた痩せぎすの男で、口元にはご丁寧に、鮮血が糸のようにしたたる血糊のメイクまで施してある。

　お化けのコスプレか。いい歳こいて馬鹿だなあ。

　呆れ顔で小さくため息を漏らしながら、男から少し離れた小便器の前に立つ。

「ばあぁぁっ！」

　そこへ突然、満面に間抜けな笑みを浮かべた男が、両手を開いてこちらへ迫ってきた。

「すみません。あんまりそういうの、興味ないんで……」

　男の前に手のひらを差し向け、ぶっきらぼうに言葉を放つ。

　とたんに男が目の前からぱっと消え去り、トイレは水を打ったように静まり返った。

　それ以来、向井田さんは「信じる人」に転身したのだが、怪談や心霊現象のたぐいも大の苦手になってしまった。そのため、ほどなく彼女とも別れてしまったそうである。

その報い

柴倉《しばくら》という、なんの仕事をしているか分からない男から聞かされた話である。

今から五年ほど前、柴倉は二十代後半で、いわゆる〝授かり婚〟をしている。

結婚から数ヶ月後、日がな冷たい木枯らしが吹き荒ぶ、晩秋のことだったという。

その日、柴倉は臨月を迎えた妻を車に乗せ、地元の総合病院に出かけていた。

妻が受診している間、柴倉は病院の駐車場に停めた車の中で煙草を吸っていた。

だが、そこへたまたま通りがかった警備員に喫煙を咎められ、柴倉は苛立ちながらも煙草を揉み消す羽目になった。

五十代半ばぐらいとおぼしき警備員は、煙草を消してからもきつい口調で柴倉を叱り、「これから生まれてくる赤ん坊のためにも、煙草なんかやめるべきだろうッ！」などと、余計なことまで捲し立てた。

「うるせえんだ、この野郎！　上からモノ言ってんじゃねえぞ！」

なるべく穏便に済ませようとしていた柴倉も、とうとう我慢の限界を迎えてしまう。警備員に怒声を浴びせると、そのまま車を降りて駐車場を飛びだした。

その後、苛々した気持ちを抱えたまま新しい煙草に火をつけ、しばらく路上を歩いた。周辺の土地にはほとんど馴染みがなかったため、行く当てがあるわけではなかった。

やがて三本目の煙草に火をつけ、病院の裏手に面した狭い路地を歩いていた時だった。民家の立ち並ぶ住宅地の片隅に、柴倉は古びた小さな寺を発見する。

山門をくぐって中へ入ると、境内に人の気配はなく、寒風ばかりが吹き荒れていた。

病院へ戻るにはまだまだ余裕があったし、戻ったところで煙草が吸えるわけでもない。境内を散策がてら、もう二、三本吸っておこうと思い、新しい煙草に火をつける。

紫煙を吐きながら本堂の横手に回ってみると、松の木に囲まれた小さな池を見つけた。何気なくそばへ立ち、寒風にさわさわと揺らぐ水面を見おろしてみる。

すると自分の足元に近い池の縁に、何やら赤いものが沈んでいるのが目に入った。

見れば体長十センチほどに成長した、大ぶりな金魚たちだった。

金魚は全部で七匹ほどいたが、池の縁の水底でそっと身を寄せ合い、微動だにしない。

何しろこの寒さである。すでに冬眠の時期なのだろう。

こうしてみんなで身を寄せ合い、春が来るまでじっとしているのだろうと思った。

間近で見ると池は浅く、水深はせいぜい三十センチほど。ためしにしゃがんで水中に手を入れてみると、手のひらは軽々と水底についてしまった。

そのまま金魚へ向かって静かに手を伸ばしてみる。

金魚はほとんど抵抗することもなく、柴倉の指に絡み取られ、手のひらへ押しこまれ、いともたやすく水の上へ引きあげることができた。

柴倉の手の上で身を横たえる金魚は、やはり寒さのせいなのか、暴れるそぶりもなくせいぜい小さな鰭《ひれ》を静かにばたつかせるぐらいである。

まさにまな板の上の鯉だな。

寒風に晒されて凍える金魚を見ながら、くすりと鼻でせせら笑う。

同時に先ほど警備員から浴びせられた言葉が、脳裏に再び蘇る。

苛立ちは未だ潰えていなかった。とたんに怒りが再燃し、無性に何かを壊したくなる。

「ざけんなっての、クソ野郎が……」

ぼそりと毒づくなり、柴倉は手にした煙草の先を金魚の片目に押し当てた。

じゅっ！　と火が消える音とともに、金魚の全身がびくりと大きく波打つ。

続いて真っ赤な胴がびくびくと激しく暴れ始め、手から転げ落ちそうになった。

「いいから、大人しくしてろって……」

暴れる金魚の目に向かって、さらにぐりぐりと煙草を押しこんでいく。

やがて金魚がぴくりとも動かなくなると、柴倉は片目に煙草の刺さった金魚の死骸を池に投げ捨て、何食わぬ顔で寺をあとにした。


それから少し経って、子供が生まれた。先天的に右目の見えない子だったという。

「子供の目、なんとか治してやれないもんですかね……」

沈んだ面持ちを向ける柴倉に哀願されたが、こちらにできることは何もなかった。

まもなくふたり目の子供も生まれるそうで、「今度は無事に生まれてきてほしい」と語りながらも、柴倉の顔はさらに暗く沈んでいくばかりだった。

たまこと真弓

二〇一七年五月初めのことである。たまこが再び我が家を訪ねてきた。

この日の用件は、前々回の訪問時と同じく、商売繁盛の祈願だった。

私としては気の進まない仕事だったが、乞われるならば仕方ない。彼女の望みどおり、祭壇を前に祈願の祝詞を詠んであげた。

たまこの顔には相変わらず、奇妙な自信に満ちた、ぎらぎらした笑みが浮かんでいた。けれどもその面貌は、前回会った時よりもまた少し痩せ衰えているように見える。

「体調は？」と尋ねると、「うん、まあまあですよ」と返ってきた。

「正直、うんざりするようなお客さんもいて、しんどいなあって思う時もありますけど、なんとか気持ちをポジティブにしてがんばってます」

緩やかな笑みを浮かべて、たまこが言った。

彼女の言う「ポジティブ」が正しいものかどうかは分からなかったが、言葉の片端にわずかながらも弱音を見せてくれたのは、少しだけ安心した。

無理に明るく振る舞って「大丈夫ですよ」と言われるよりは、ほんの少しであれども本音を聞かせてもらったほうが状況を把握しやいし、適切な対応もしてあげられる。

できればもっと弱音を吐いて、そのうち自分の口から「やめたい」と言ってくれればいちばんなのだが、今の彼女の様子を見る限りでは、まだまだ難しそうだと思った。

「今日もお世話になりました。また、真弓さんとお話ししていってもいいですか?」

仕事が一段落した頃、いつものようにたまこが訊いてきた。

「いいよ。あっちも楽しみにしているから、ゆっくりしていって」

答えると、たまこは顔を輝かせ、真弓が待っている居間へと向かっていった。

まもなく居間のほうからたまこと真弓のはしゃいだ声が聞こえ始める。

それからさらにしばらくすると、PUFFYの『SWEET DROPS』をハモるふたりの歌声が聞こえてくる。たまこが大好きな歌で、居間で真弓と過ごしている時にこうして時々ふたりで歌うのだ。

ふたりの歌声を聴きながら、私は仕事場で細々とした雑務をこなしていった。

一時間ほどして、たまこが帰ったあとのことである。

「ねえ」

真弓が笑みを浮かべながら、仕事場に入ってきた。

「これ、もらっちゃった」

そう言って真弓は、右手を自分の顔の前にひらつかせてみせた。その指先には銀色のチェーンでつながれた、キーホルダーがぶらさがっている。

チェーンの先で揺れているのは、茶トラの猫の顔である。ペルにそっくりな顔だった。

「誕生日プレゼントだって。前に教えたことがあるんだけど、覚えてくれてたみたい」

「よかったな」と応えると、真弓は「うん」と言ってうなずいた。

この日はまさに真弓の誕生日だった。おそらくのところ商売繁盛の祈願などは建前で、たまこが今日、我が家を訪れた目的は、真弓にプレゼントを渡すためだったのだろう。

去年の誕生日には多分、真弓はプレゼントをもらっていないはずである。

単にその時にはまだ、真弓がたまこに誕生日を教えていなかった可能性もあるのだが、仮に教えていたのなら、経済的な事情でたまこはプレゼントを贈れなかったのだと思う。

そうだとするなら、ようやく生活に困らなくなり、欲しい物が買えるようになった今、是が非でも真弓にプレゼントを贈りたかったのだろう。

何をプレゼントしようかと、楽しい思案を巡らせるたまこの姿を頭に思い浮かべると、微笑ましい気持ちになった。

あの娘は思いやりがあって、とても優しい娘なのである。

だから一日も早く今の状況から抜けだし、本当の意味で幸せになってほしいと思った。

もう一台

和美《かずみ》さんが母親の付き添いで、市街の病院へ出かけた時のこと。

診察室から出てきた母から「この後も検査があって時間がかかりそう」と告げられた和美さんは、検査が終わるまでの間、外で時間を潰そうと考えた。

病院の正面玄関を出て駐車場へ向かい、愛車に向かってセンサーキーのボタンを押す。すぐにロックが外れ、ドアを開けて車に乗りこむ。

ここまでは順調だったのだが、エンジンをかけ、車を発進させようとした段になって、「あれ？」と思った。車、こんなところに停めたっけ？

ハンドル越しに見える前方の風景が、車を停めた時とは違うような気がした。

よくよく思い返してみると、和美さんが病院に到着した時は、すでに駐車場の大半が塞がっていた。だから仕方なく、駐車場のいちばん奥まった区画に車を停めたのだった。

しかし今、自分が乗ったこの車は、駐車場のちょうどまんなか辺りに停まっている。奥の区画に車を停めた時、病院に隣接するドラッグストアの看板が目に止まったので、帰りはこれを目印にしようと思って車を降りたのである。

ところが今、車の前方に見えるのは病院の別棟だった。

ドラッグストアの看板は、はるか遠くに屹立している。

もしかして、車を間違えて乗ってしまったのかな。

考えたのだが、車に備えられたクッションやアクセサリーなどの小物類は間違いなく和美さんの私物だった。そもそも、仮に車を間違えたのだとしても、他人の車が自分のセンサーキーで開くわけがない。たちまち狐に抓《つま》まれたような心境になる。

車を降り、元々自分が車を停めた駐車区画へ行ってみることにした。

少し歩くとドラッグストアの看板が見えてきた。看板の位置を頼りに自分が駐車したスペースを探す。車はきちんと、初めに和美さんが駐車した場所に停まっていた。

嘘でしょ！　と思ってセンサーキーのボタンを押すと、こちらもロックが解除された。

ナンバーも確認してみたが、間違いなく自分の車のナンバーである。

もちろん、エンジンもきちんと掛かった。車内の様子も、自分の車のものだった。

じゃあ、さっきの車は、やっぱり他人の車だったのだろうか？
真相を確かめるべく、再び先ほどの車の前へ戻ってみる。
そこにもやはり、和美さんの車と同じ車種、色、内装の車が停まっていた。
ナンバーを確かめてみると、こちらの車も自分の車のナンバーだった。
もう一度、奥に停めた車のほうまで引き返し、ナンバーを確かめてみる。
やはりこちらも、自分の車のナンバーである。
しだいにわけが分からなくなり、二台の車の間を往復しながらおろおろしていると、
やがて病院の玄関口から若い女性がひとり、こちらへ歩いてくるのが目に入った。
なんとそれは、和美さん自身だった。
髪型、背格好、服装までも和美さんと瓜二つの女性が、こちらへ向かって歩いてくる。
反射的にすかさず近くの車の陰に身を隠し、息を荒げながら彼女の動向を探る。
するともうひとりの和美さんは、何食わぬ顔でポケットからセンサーキーを取りだし、
ロックを解除すると、そのまま車に乗って走り去っていった。
あとには元通り、和美さんが最初に停めた車が一台、駐車場に停まる風景があった。

この一件との関連性は不明だが、それからおよそ三ヶ月後のことである。
和美さんは同じ車で交通事故を起こし、この病院に緊急搬送されている。
幸い命に別状はなかったが、車は事故で大破してしまったそうである。

猫バンバン

猫バンバンとは主に冬場、暖をとるため、車のエンジンルームに潜りこんでしまった猫を追いだすため、平手でボンネットを叩く儀式のことである。

真冬のある日、文香《ふみか》さんが親戚の暮らすアパートを訪ねた時の話だという。

三十分ほどで用事を切りあげ、駐車場へ戻ると、目の前を猫が横切っていった。

「他にも猫がいるかもしれない」と思い、車へ乗りこむ前にボンネットのほうへ回って、平手で軽くばんばんと叩いた。

とたんにボンネット前方の隙間から、白くて平べったい何かが、音もなく飛びだした。

一瞬、蒸気だと思って驚いたのだが、音もなく飛びだしてきたそれが、押し潰されてぺらぺらになった人の形をしていることに気づいたとたん、恐怖が湧いて飛び退いた。

平たく、白く、得体の知れないそれは、形も寸法も、成人男性の印象と酷似していた。ボンネットから滑りだした先端に頭部とおぼしき形はあれど、そこには目鼻口はなく、空へと面を向けた平たい身体の部分も、どちらが腹で背中なのか分からなかった。

文香さんが仰天するなか、物体はボンネットから足の先とおぼしき末端まで滑り抜け、そのまま灰色の冬空へ向かって上っていくと、まもなく見えなくなってしまったという。

突然の執行

六年ほど前の深夜、権田《ごんだ》さんが遠方に住む友人宅から自宅へ帰る途中のことだった。
カーラジオを聞きながら、川べりの土手道を走っていると、ふいにラジオが消えた。
「あれ？」と思って、電源ボタンに指を伸ばそうとした時だった。
「じゃあ、そろそろ死んでみようか」
車内のスピーカーから嗄《しゃが》れた男の声が聞こえてきた。
次の瞬間、「ぱん！　ぱん！」と鋭い炸裂音が車外で轟き、車が激しく蛇行し始めた。
とっさにハンドルを切ったが、車はそのまま道路をはみだし、土手の下へと転落した。
幸い、命に別状こそなかったものの、権田さんは胸と右足の骨を折る大怪我を負った。
事故の原因は、パンクによるハンドル操作のミス。
前輪のタイヤがふたつとも、原因不明のパンクを起こしていたのだという。

黒い車

私の数少ない友人で、芋沢君《いもざわ》という男がいる。

彼は独身で、歳は三十代半ば。父親が経営している道路工事関係の会社に勤めながら、実家暮らしを続けている。これはそんな、芋沢君が体験した話である。

ある日のこと、自宅の居間でくつろいでいると、芋沢君から電話がかかってきた。

「郷内さん、もしかしたら俺、ちょっとまずいことになったかもしれないっす!」

通話が始まるなり、挨拶もそこそこに芋沢君は上擦《うわず》った声で捲し立てた。

何がどうまずいことになったのかと尋ねると、芋沢君はしどろもどろになりながらも、一から順を追って話し始めた。

つい昨日のことだという。

昼過ぎに芋沢君が勤める会社へ、県から緊急要請の電話が入った。

会社は県との契約で、自然災害や積雪、事故などで県道上にトラブルが発生した場合、早急に出動して対応するという取り決めになっているのだという。

今回の出動要請は、事故の事後処理だった。

街外れの山中に延びる県道沿いの路傍で、車が炎上を起こした。火は消防隊によってすでに消し止められているが、車から漏れたエンジンオイルが路上に流れだしている。

ただちに清掃に当たってほしいとのことだった。

オイル漏れの清掃作業は、別段珍しい仕事でもないので、数人の社員と車に乗りこみ、さっそく現場へ向かった。

ほどなく到着した現場は、山中のちょうど中腹辺り。九十九折《つづら》りになった細い山道の長いカーブを抜けた先にあった。

道の脇には乾いた土が剥きだしになった狭い駐車スペースがあり、その奥には古びた小さな鳥居が立っている。

車は、その駐車スペースのまんなかに停まっていた。

元が何色だったのか判別もできないほど、車はボディ全体が真っ黒こげに爛《ただ》れていた。車外へ降り立つと、路上に流れだしたオイルの甘ったるい臭いとともに、苦みを帯びた炭の臭いが鼻腔をつんと刺激した。

路上の事故処理はこれまでかなりの件数を手がけ、事故車も何台ともなく見てきたが、ここまでひどい有り様になった車を見るのは、初めてのことだった。

一体何が起きたのだろうと思うより先に、見事なまでに真っ黒く焼け爛れた車の姿に芋沢君はすっかり興奮してしまう。

こんな状態の車は、なかなかお目にかかれるものではないぞと思った。

こいつは本当にえらいこっちゃ！　インスタ映えじゃん！　などと胸が高鳴った。

斯様に芋沢君は頭が少々愚かなので、これは絶対、記録に残しておかねばとも考えた。

ポケットからおもむろにスマホを取りだすと、さっそく撮影を開始する。

傍らで呆れ返る同僚たちの視線も構わず、「すげえすげえ！」と鼻息を荒くしながら、まずは車の全体像を写真に収め、続いて車へ向かって近づいていく。

熱で歪んだボンネットや、溶けたタイヤの残骸がホイールにへばりついた様子などを次々撮影していると、後部座席に妙なものがあるのが目に入った。

バーベキューコンロだった。

横幅六十センチほどのバーベキューコンロは、土台の足が畳まれるか外されるかして、シートの上に鎮座ましましている。

よく見るとコンロの中には、真っ白い灰と化した練炭がぎっしりと並んでいた。

それを目にした瞬間、再び「えらいこっちゃ！」と背筋がざわめき始める。

県から電話でもらった説明では、あくまでも「事故」という話だったが、後部座席の状況を鑑みれば、どう考えても「事故」でないことは明白だった。

とんでもないものを撮影してしまったと思い、蒼ざめながら写真のデータを消去する。

果たして運転手は生きているのかしらと思いつつ、恐る恐る運転席のシートを見ると、黒焼きになっている車の中で、運転席だけが微妙に焼け残っている印象を受けた。

明らかに誰かがずっと座っていたから、ここだけあまり燃えなかったのだろう。

考えたくなくとも、ビジュアル的に厭でもそう考えざるを得なかった。

もはや一刻も早くこの場を立ち去りたかったが、肝心要の路上清掃はこれからである。

引き続き同僚たちに呆れられながら、芋沢君は生きた心地もしないまま作業を始めた。

どうにか無事に作業を終えた、その日の夜だという。芋沢君は夢を見た。

夢の中ではまず、昼間訪れた現場の光景が映しだされる。

鬱蒼とした樹々の間に立つ古びた鳥居。

その前に広がる、乾いた土が剥きだしになった狭い駐車スペース。

そして、駐車スペースのまんなかに停まっている、黒く焼け爛れた車。

何もかもが昼間見た光景と同じだったが、そこへふいに異変が生じる。

黒焦げになった車のエンジンが掛かり、走りだしたのである。

タイヤは溶け崩れ、すでに原形を留めていないというのに、車は少しずつ速度をあげ、やがて凄まじい勢いで山道を下り始める。

まるで、とんでもない早送りで再生される動画を見せられているかのように、山道を駆けおりる車のスピードは速い。

車はあっというまに山を下って街に出る。相変わらず凄まじいスピードで街中を走り、周囲の風景が目まぐるしく切り替わっていく。

そうした光景を見続けるさなか、芋沢君はふいに「は?」と思った。

いつのまにか車は、芋沢君のよく知る地元の道路を走っていた。

馴染みのガソリンスタンドや商店が立ち並ぶ県道を走り抜け、両脇を田畑に挟まれた田舎道をぐんぐん進み、田園地帯の片隅に広がる集落へと入っていく。

芋沢君の自宅がある集落である。

車は狭い路地を凄まじい速度で突き進み、たちまち自宅の門前へと至った。

そのまま門口をすり抜け、車は家の正面玄関へ突っこむような勢いで迫ってくる。


そこで芋沢君は、悲鳴をあげて目を覚ました。

ぜえぜえ息を荒げて布団から上体を起こすと、全身にびっしょりと寝汗をかいていた。

だが、今見ていたのが夢だということは理解できた。

ところが、ほっと安堵の息を漏らしかけた時だった。

喉元がぐっと強張り、吐息がのどの奥へと引っこんでしまう。

薄暗い寝室に苦みを帯びた炭の臭いがむせ返るほど充満し、鼻腔《びくう》を鋭く刺激していた。

慌てて電気をつけてみたが、臭いの発生源となるものは何も見つからなかった。

すぐに窓を開けて換気をしたものの、臭いは朝方までしつこく残り続けたのだという。

「そんなわけで、今夜もなんか起こるんじゃないかと思って、俺、滅茶苦茶怖いんす！どうしたらいいんすかねえ！」

今にも泣きだしそうな声で芋沢君が叫んだが、事のあらましを聞かされた私のほうは、げんなりしながら太い息を漏らした。

「分かりましたよ。とりあえず、すぐに来なさい」

大いに呆れはしたが、その日の夕方、私は説教つきで芋沢君にお祓いをしてあげた。

幸いにもその晩から、怪しいことが起こることはなかったそうである。

助平寺

萌香《もえか》さんが母親の代理で、親類の法事に出席した時のことである。

寺の本堂で住職の読経が終わると、寺の敷地にある庫裏《くり》で昼食会の流れとなった。

食事が始まってしばらくすると、萌香さんは尿意を催して席を立った。

廊下を渡って庫裏の奥にあるトイレへ向かう。

庫裏の造りは古めかしい雰囲気だったけれど、トイレのほうは今風に改装されていて、中はピカピカ。便器も全て洋式だった。さっそく個室に入って用を足し始める。

ところが用を足し終え、おろしていたパンストをたくしあげようとした時だった。

萌香さんは「え？」となって首を傾げることになった。

足元におろしたパンストの中にショーツがない。

慌てて個室の中を探し回ってみたのだが、ショーツはどこにも見つからなかった。

パンストを半分おろした状態でショーツだけを脱ぐなど、物理的に絶対不可能である。両足の爪先はパンストにすっぽり包まれたままだし、もちろん自分で一度パンストを脱ぎ去り、ショーツだけを取り払った覚えもない。

自分の身に一体何が起きたのか。ショーツはどこにいってしまったのか……。

どれだけ考えようとも答えは出ず、萌香さんは呆然とした心地で席に戻った。


それから小一時間ほどして、昼食会がお開きとなった。

ぞろぞろと庫裏を抜けだし、山門に向かう親戚たちと一緒に歩きながら境内の景色を眺めていると、ふいにぎょっとなって脚が止まる。

境内の一角に生える松の木の枝先に、萌香さんのショーツがぶらさがって揺れていた。

のどまで出かかった驚愕の叫びを必死に押し戻し、親類たちの行列からそっと離れる。

そうして忍び足の小走りで松の木まで迫るなり、枝から素早くショーツを引っ掴んでバッグの中へ押しこんだ。

あとは何食わぬ体を装い、親類たちと一緒に山門をくぐり抜けて帰ってきたという。

変態地蔵

専業主婦の千代美《ちよみ》さんから伺った話である。

ある日のこと、同居している七十代の姑が、千代美さんにこんな話を打ち明けた。

「この頃、お地蔵さんがね、夜中にあたしの寝床に入りこんできて、おっぱい触ったり、あそこを触ったりすんのよ。ほんとに気持ち悪くってねえ……。あの助平なお地蔵さん、どっかに移動してもらえないもんかね？」

他の家族が誰もいない、昼下がりの茶の間。

嗄れ声を押し殺しつつ、いかにも恥ずかしそうな顔で語った姑の言葉に千代美さんは、「はあ……」と細い息を吐き漏らす。

姑が語る「助平なお地蔵さん」というのは最近、自宅の目の前に延びる県道の道端に立てられた、小さなお地蔵さんのことである。

三月《みつき》ほど前の深夜だった。原付バイクを運転していた老人がスリップ事故を起こして、道路沿いに建つ民家のブロック塀に激突。そのまま帰らぬ人になっている。

現場にはしばらく花が供えられていたのだけれど、最近になって新たにお地蔵さんも立てられていた。

「大丈夫。夢でも見たんですよ。お地蔵さんがそんなことをするわけないでしょう?」

姑は数年前から認知症の気が出始めていて、時々妙なことを口走るようになっていた。以前にも近所の犬が携帯電話で話をしていたとか、真剣な目で訴えられたことがある。今回の告白もそうしたたぐいのものと思い、大して気にも留めなかった。


ところがそれから数日経った晩のことである。

千代美さんが寝室で寝入っていると、ふいに布団の中でもそもそと、何者かに身体をまさぐられる感触を覚え、目が覚めた。

寝ぼけまなこで視線を横へ向ければ、隣の布団で夫がすやすやと寝息をたてている。

では、布団の中のもそもそは、一体誰の仕業なのだろう。

ぎくりとなって布団を捲りあげたとたん、さらにぎくりとなって背筋が凍りつく。

仰向けになった千代美さんの腹の上にお地蔵さんの顔があった。

お地蔵さんは腹ばいの姿勢で千代美さんの身体に乗っかり、ごつごつした冷たい手で胸や腹をしきりにまさぐっていた。

悲鳴をあげようとしたのだが、声がだせず、身体も動かなくなっていた。

細い目をしたお地蔵さんにまっすぐ見つめられつつ、身体をまさぐられているうちに千代美さんはまもなく意識を失ってしまう。


翌日、姑とふたりきりになるなり、「あれは本当でした！　疑ってすみません！」と頭をさげるや、近所に暮らす噂にくわしいオバサンの家へと向かった。

「ああ、あれね。死んだのは変態太郎っていう爺さんだって」

事故死した老人について尋ねるなり、にやにやしながらオバサンは答えた。

変態太郎とは、隣町に暮らしていた老人の仇名だという。

七十代半ばで逝った彼は、その生涯のうちに三度も服役生活を経験している男だった。

罪状は窃盗罪と住居侵入罪。捕まるたびに盗んでいたのは女性物の下着。下着泥棒の他にも女性宅の覗きが趣味で、ついた仇名が変態太郎なのだという。

「なんかねえ、昔から女教師が趣味だったみたいよ。下着泥棒の相手も、覗きの相手も、ほとんど女教師だったらしいから」

オバサンの補足に眉間がぎゅっと強張る。千代美さんは結婚するまで教師をしていた。姑も定年まで教師を勤めあげた人である。

「そんな昔があるんだから、ひっそり暮らしてりゃいいのに、やっぱり変態なんだねえ。歳取ってからは、また違うことで有名人になってたんだよ」

老後の変態太郎を有名たらしめていたのは、彼が愛用していた原付バイクだった。

変態太郎は、おそらく成人雑誌から切り抜かれたとおぼしきAV女優の卑猥な写真をバイクのボディにべたべたと大量に貼りつけ、成人仕様のデコ原付に改造していた。

そのインパクト溢れる装いは否が応でも道行く人々の目を惹き、警察から厳重注意を受けたことも一度や二度ではなかったそうである。

「事故の時にあたしも見たんだけど、すごいバイクだったよ！　前科者の変態ジジイがあんなバイクで自爆事故起こして死んだんだから、身内も本当に気の毒だよねえ！」

あんた、見てないの？　と尋ねられたが、幸いながらもそんな気持ちの悪いジジイもバイクも見ていなかった。だが、代わりにやられたことならある。

オバサン宅を辞し、そのままずかずかとした足取りで歩道をまっすぐ突き進んでいく。

まもなく道端に突っ立つ地蔵の前に到着すると、千代美さんは険しい顔をこしらえて地蔵の前にどっかりと片膝をついた。

「てめえ、今度やったらぶっ壊すからな」

地蔵の耳に顔を寄せ、思いっきりドスの効いた声で脅しつける。

以来、地蔵が千代美さんと姑の身体をまさぐりにくることはなくなったそうである。


それから半年ほどが過ぎた頃、千代美さんの近所で深夜に再び事故があった。

場所は変態太郎が死んだ、まさにあの現場。ハンドル操作を誤ったワゴン車が歩道に乗りあげて横転したのだが、幸いにも運転手は軽傷だったという。

だが、件の変態地蔵のほうは、無事で済まなかった。ワゴン車に撥ね飛ばされた挙句、横転した車体の下敷きとなってばらばらの石塊《いしくれ》と化してしまった。

新しい地蔵が立てられることはなく、今では花も供えられることもなくなったという。

伝えたかった

町山《まちやま》さんが二十代半ばで、都内の会社に勤めていた頃の話である。

お盆に実家へ帰省した初日、夕暮れ時に独りで近所の菩提寺へ墓参りにおもむいた。

周囲が薄暗くなり始めるなか、自家の墓前に向かって静かに合掌していた時である。

「町山くん?」

背後からふいに声をかけられた。

振り返ると、黒いワンピースを着た若い女性が笑みを浮かべて立っている。

「覚えてない? 倫子《りんこ》」

名乗られてすぐに思いだす。中学時代に同級生だった娘である。大して言葉を交わす仲ではなかったが、密かに可愛い娘だなとは思って遠巻きに眺めることはあった。

「ひとり?」と尋ねられたので、「ああ、ひとり」と返した。

「違うよ。付き合っている人いるの？　そういう意味で訊いたの」

くすりと笑って、倫子が言う。

「いや、いないよ」と答えると、「ねえ、だったらちょっと話さない？」と誘われた。

それから墓地の片隅にあるベンチに並んで座り、倫子と言葉を重ね合った。

倫子は地元の高校を卒業後、まもなく付き合い始めた男と二十歳を過ぎて結婚した。暮らしはそこそこ順調なのだけれど、実は夫の暴力がひどくて困っているとつぶやいた。

「物凄い酒乱でね。酔っ払うとつまんないことで因縁つけてきて、ボコボコにされるの。素面《しらふ》の時にはいい人なんだけどね」

大仰に顔をしかめて、倫子が笑う。

「素面がいい人って言ったって、酔って暴力振るう時点で最低じゃん……」

町山さんが言うと、倫子は「うん、まあね」とうなずいた。

「だからそのうち別れようって思ってる。この頃は付き合う人、間違えちゃったなってようやく思えるようになってきたし、そのうち本当に別れようって思ってるんだ」

「そっか」と答えて微笑むと、倫子も「そうだよ」と言って微笑んだ。

微笑を浮かべる彼女の顔には、自分への仄かな好意が感じられるような気がした。

そこから先は他愛もない世間話に興じ、日が暮れ落ちて辺りがすっかり暗くなった頃、名残惜しい気持ちで倫子と別れた。

帰宅して夕飯を食べながら、先ほど墓地で倫子と会ったことを母に話す。

ところが話を終えて、まもなくである。

「倫子ちゃん、もう死んでるよ」と母に言われ、一瞬耳を疑ってしまった。

母の話によると、倫子はふた月ほど前、川に身を投げて亡くなっているのだという。

やはり夫の暴力に困っていたそうで、両親からは離婚を勧められていたそうなのだが、倫子は拒否していたらしく、独りでがんばった末の最期なのではないかと言われた。

母の話は、半分は正しかったが、半分は違うのにと思った。

だがもしかしたら、彼女は亡くなったあとに別れるつもりになったのかもしれない。

微笑を浮かべて見つめてきた倫子の顔を思いだすと、胸が詰まって苦しくなった。

翌日、改めて墓地へおもむくと、今度は倫子の実家の墓を探しだし、墓前に向かって彼女の冥福を祈ってきたそうである。

実践と結果

昭和五十年代の初め、光枝《みつえ》さんが中学時代の話である。

当時、世間はちょうど、心霊ブームが真っ盛りの頃だった。

全国の学校では子供たちがこっくりさんやスプーン曲げの実践を筆頭に、怪奇現象や心霊写真、超能力の開眼など、怪しげな話題に連日のごとく花を咲かせていた。

光枝さんが通っていた中学校もそうしたご多分に漏れず、休み時間や放課後になると、校内のあちこちで生徒たちの口からおどろおどろした話が聞こえてきた。

その一方で当時、少しツッパっていた光枝さんは、こうした話題に興じる生徒たちをガキっぽいと感じ、見下していた。彼女のグループ仲間も同じ意見で、霊だの祟りだの、そんな馬鹿げたものがあるわけはないと、これみよがしにせせら笑っていた。

そんなある日のこと。祟りの実在について、同じクラスの女子と口論になった。

彼女はクラスで一番の心霊好きで、休み時間に口から出るのは心霊関係の話題ばかり。光枝さんから見れば、ほとんど病気のような娘だった。

「祟りなんかあるわけないじゃん」と突っぱねる光枝さんたちに対し、彼女はあくまで「本当にあるよ！」と言って譲らない。

あまりにもしつこいのでカチンときた。怒鳴《どな》って引っぱたいてもよかったのだけれど、手をあげようとした時に、ふと妙案が閃いた。

「だったら証明してやるよ。放課後、ちょっと付き合いな」

そう言って放課後、光枝さんと四人の仲間たちが意気揚々と彼女を連れて行ったのは、学校の近くにある古びた墓地だった。狭い敷地の奥には、水子供養のために立てられた小さな地蔵が五体ほど並んでいる。

「本当に祟りなんてもんがあるんだったら、これであたしら、確定だよね？」

にやけ面で宣言するなり、光枝さんと仲間たちは持参した油性マジックで地蔵たちに落書きを始めた。心霊好きの女子がたちまち半泣きになって「やめてよ！」と叫んだが、無視して落書きを続ける。

五体の水子地蔵たちは、みるみるうちに稚拙な落書きまみれとなり、まるで不謹慎な耳なし芳一のような姿になってしまった。

変わり果てた地蔵たちの姿に彼女は震えながらすすり泣いていたが、光枝さんたちはそんなものなどどこ吹く風で、彼女を半ば引きずるようにして墓地をあとにした。

地蔵たちに落書きを施した直後を含め、その晩も翌日以降も、光枝さんたちの身にはなんらの異変も生じることはなかった。やがて一週間が経ち、ひと月以上が経過しても、特にこれといって怪しい異変が起こることはない。

「やっぱりあたしが言ったとおりの結果だったじゃん。祟りなんかないんだよ！」

心霊好きの女子に向かって再び勝ち誇った宣言をすると、彼女は顔を下に向けながら、黙ってうなずくしかできなかった。

光枝さんはその様子にすっかり満足し、してやったりという気持ちになった。


それから四十年ほど経った今現在、光枝さんは五十代半ばを迎えている。

彼女は二十代の前半に結婚しているが、子供はひとりもいない。

否。厳密には三人いたのだが、いずれも腹の中にいる頃に流れてしまっている。

当時、光枝さんと一緒に落書きをおこなった四人の仲間たちも同じだという。いずれも出産前に流れたり、死産だったり、あるいは不妊症と診断され、誰も子供を授かっていない。

原因は間違いなく、地蔵の祟りによるものだろう。

心底悔やみ、件の墓地へ何度も足を運んで、地蔵たちに許しを乞うた時期もある。だが、どれだけ謝罪の気持ちを差し向けようと、光枝さんの子供は身籠るたびに流れ、仲間たちも子宝に恵まれることはなかった。

「祟りって本当にあるんですね。身をもって知ることができましたけど、自分の人生を滅茶苦茶にしてまで確かめるようなことじゃなかったと、今でも強く後悔しています」

子供の代わりに飼い続けているという座敷犬を膝元に乗せながら、光枝さんは小さく微笑み、それから声を押し殺して泣き始めた。

夏の風物詩

二〇一七年八月初旬。

夜になっても蒸し蒸しとした暑さが続く、深夜零時過ぎのことだった。

居間で真弓と一緒に映画を観ていると、座卓に置いていた携帯電話が鳴った。

出ると相手は若い男で、「ネットで調べたんですが、今から見てもらえますか?」と尋ねてきた。電話越しに聞こえる声は若干震え、抑揚は奇妙な調子に上擦っている。

つい先刻、仲間たちと墓場へ肝試しに出かけたのだが、途中で仲間のひとりの様子がおかしくなってしまい、元に戻る気配がないのだという。

男の説明を聞きながら真弓に視線を向けると、「いつものあれ?」とでも言いたげな、いかにも残念そうな顔つきをしていた。「そのとおり」と目配せで応え、それから男に「いいですよ、すぐに来てください」と告げた。

「お茶、淹れたほうがいい？」と真弓に訊かれたが、「別にいい」と答え、居間を出る。

毎年、夏場になると決まって似たような案件が舞いこむ。

できれば昼間来てくれると助かるのだが、こうした依頼は「緊急事態」ということで、夜中に対応することが大半である。

仕事用の着物に着替え、仕事部屋で待っていると、三十分ほどで男の車が到着した。

玄関を開ければ、いかにも「遊んでます」といったなりをした二十代半ばの男たちが四人、蒸し蒸しする戸外の闇を背にして突っ立っていた。

四人のうちのひとりは、他のふたりに両肩を支えられ、ぐったりしながら立っている。首は眠ったようにがくりと項垂れているが、何やら小声でぶつぶつとつぶやいてみたり、かぼそい笑い声を漏らしているのが聞こえてくる。

「ずっとこんな調子なんですよ。元に戻りますか？」

真っ青な顔で尋ねる男の言葉をうっちゃるように、「どうぞ」と言って中へ通す。

仕事場の畳の上に様子のおかしい男を寝かせてもらい、くわしく様子を検《あらた》め始める。

男は半開きになった目で虚空を見つめ、なおも変わらず小言で何かをつぶやいていた。

ぱっと見ただけでも、何かにとり憑かれているのは明白だった。

またぞろ背中が痛むのだろうなと思いながらも、男に向かって魔祓いの呪文を唱える。

対象が平均的な憑き物で、なおかつ憑かれてまもない状態ならば、ものの数分程度で憑き物落としは完了する。この日も幸いながら、五分も経たないうちに仕事が片づいた。

無事に呪文を唱え終わると、男は得体の知れないつぶやきをやめ、それから半開きになっていた両目を見開きながら、上体を起こした。

「あれ……ここ、どこですか?」

まるで寝起きのようにふらふらしている男に、事のあらましを説明する。

彼はこの場に至るまでの流れをまったく覚えていなかった。せいぜい覚えているのは、仲間たちと一緒に夜の墓場をうろつきながら、はしゃいでいるところまでである。

何かにとり憑かれている状態では、ざらに見られる症状なので、こちらとしては特段、驚くことではない。本人は覚えていないことに驚いているが、自分が憑依状態にあった記憶など、覚えていないほうが幸せだろうと思う。

動揺する彼に「無事に済んだことだけ覚えてればいいよ」と声をかけ、落ち着かせる。

「そうですよね。助かりました。ありがとうございます……」

蒼ざめた顔で男が礼を述べ、項垂れながらため息をついた時だった。

突然男が「うおっ！」と悲鳴をあげて仰け反った。

「どうしたのか」と尋ねると、男はがたがた震えながら自分の右手を差しだして見せた。

それを見た彼の仲間たちも次々と悲鳴をあげ始める。

なんと、男の右手の薬指から爪がなくなっていた。

爪は剥がれたのではなく、文字通り「なくなっていた」。爪があったはずの指先には、楕円形を描いた薄いピンク色の肌があるばかりで、血は一滴も滲んでいない。

まるで生まれた時から、爪などなかったかのような印象を感じさせる。

「こ、これって祟りですか！　こんなことって本当にあるんですか！」

男に泣き泣き尋ねられたが、流れから鑑みて、答えは「ＹＥＳ」と言うしかなかった。

だから興味本位で変な場所になど行かなければいいのにと思う。

今夜のような仕事は毎年、夏場になると決まって舞いこんでくる。

中には指の爪などでは済まない被害に遭った者もいるし、嫌な目に遭いたくないなら夜中の墓場だの心霊スポットだの、危うい場所には近づくべきではないのである。

「こんなのまだまだ、マシなほうだよ」

泣きべそをかいて取り乱す男を宥《なだ》めすかして、この日の仕事は終わりとなった。

嘔吐

会社員の伊勢宮《いせみや》さんから聞かせてもらった話である。

彼の実家の近所には、十年近く前に若い母親と幼い娘が無理心中をした家がある。

母娘の死後も、家はそのままの形で残されていたのだが、新たに住む者は誰もおらず、庭も外装も荒れ放題になっていた。

そんな家にある時、伊勢宮さんと友人たちが深夜の肝試しへ出かけることになった。

荒れ放題の家は窓が何枚も割れていたため、中に入るのは容易だった。

家の中には埃の積もった家財道具や衣類、玩具のたぐいも残されたままになっていて、母娘が当時生きていた生活の面影がそこかしこに感じられた。

怖々とした気持ちで暗闇に染まった各部屋を順番に覗いて回り、母娘が死んでいたと伝えられる寝室にも踏みこんだ。

そうして一通り、家の中を見て歩いたのだが、特に何か怪しいことが起こるわけでも見えるわけでもない。不穏な気配すらも感じることなく、みんなで「こんなもんか」と軽口を交わしながら外へ出た。

ところが家を抜けだし、庭を歩き始めてまもなくのことだった。

伊勢宮さんを始め、同行していた友人たち全員が、突如として凄まじい吐き気を催し、次々と嘔吐を始めた。

胃の腑《ふ》を絞るようにしてこみあげてくるものを吐きだすと、口の中から出てきたのは長い髪の毛の束だった。

それも全員揃って、胃液に塗れてどろどろになった髪の束を土の上に吐きだしていた。

すっかり恐ろしくなった伊勢宮さんたちは翌日、神社に出向いてお祓いをしてもらい、件の家には二度と近づかないようにしているそうである。

不明の不意打ち

生花店を営む溝口《みぞぐち》さんという方から、こんな話を聞いた。

今から四十年ほど前、溝口さんが大学時代のことである。


溝口さんが生まれ育ったのは、山間部に位置する小さな集落だった。自宅の裏手には広大な雑木林が広がり、日が暮れ落ちると林の中は、湿っぽい闇を湛えた漆黒に染まる。

雑木林の奥には、古びた昔の墓地があった。

緩やかな楕円形を描いたものや、四角形に近いもの、板のように平たい形をしたもの、大小様々な形の自然石に碑銘を刻んだ、簡素な造りの墓石が二十基ほど。

家族の話によれば、明治時代に建てられた墓らしいのだが、手を合わせる者はおらず、誰の墓かも分からないものだった。無論、溝口家の墓もない。

真夏の晩に溝口さんの家へ友人たちが遊びにきた時のこと。若いノリと勢いに任せて、この墓地へ肝試しに行こうという話になった。

深夜を回り、家人が寝静まったのを見計らい、懐中電灯を携えて林の中へと分け入る。鬱蒼と生い茂った枝葉を払いのけながらしばらく進んでいくと、前方の視界が開けて、懐中電灯の照らす先に古びた墓地の光景が浮かびあがった。

ところが、たくさんの墓石が点々と立ち並ぶそのなかには、小さな人影も立っていた。ぎくりとなって明かりをかざすと、暗闇の中に浮かびあがったのは、九十近くになる溝口さんの曾祖母だった。

曾祖母は真っ白い着物姿で、ふらふらと身体を揺らしながら墓地の片隅に立っている。溝口さんが悲鳴をあげたとたん、曾祖母はこちらをばっと振り向き、皺《しわ》だらけの面貌に寒気のするような薄笑いを浮かべてみせた。

友人たちもつられて悲鳴を振り絞るや、曾祖母は矢のような勢いでこちらに向かって駆けだしてきた。溝口さんを含む一同も、すかさず踵を返して林の中を走りだす。

悲鳴も脚も止めることなく、林の中を必死で駆けるうしろからも、下草を踏みつける湿った足音と、枝葉がざわめく鋭い音が聞こえてきた。

やがて、生きた心地もしないまま、どうにか林を抜けだし、自宅の裏手へ戻ってきた。

恐る恐る背後を振り返ってみると、曾祖母の姿はなく、足音も聞こえなくなっていた。

一体どうして、こんな時間にあんなところへ曾祖母が突っ立っていたのか。

みんなで騒ぎながら庭を歩いているうちに、溝口さんの父が起きてきた。

「やかましいぞ」と叱りつける父の言葉を遮り、今しがた自分たちが見たものを話す。

初めのうち、父は「そんなバカな」と呆れていたが、しぶとく説明を繰り返していると、

「だったら確認してみるか」ということになった。

ところが家の中へ入り、曾祖母の寝室を覗きにいった父は、まもなく真っ青になって戻ってきた。布団の中で曾祖母が死んでいたのだという。

のちに死因は心不全だと分かったが、死亡時の曾祖母はいつもの寝間着姿で、身体のどこにも林の中を走ったような形跡は見られなかったという。

今の今に至るまで、自分が見たものがなんだったのか、分からないままなのだけれど、その後は二度と墓地に近づくことはなくなったそうである。

フラッシュ

会社員の里亜《りあ》さんが、呑み屋で知り合った男女数名と肝試しに出かけた。

場所は町の外れに建つ廃工場。みんなで肩を寄せ合いながら内部を進んでいくさなか、里亜さんは妙な気配を感じて、戸外に面した窓ガラスのほうへ顔を向けた。

とたんに真っ暗闇の戸外から薄白い光が放たれ、視界を真っ白に染めあげる。

ちかちかする目をしばたたきながら、「今の何?」と尋ねてみたが、他の男女たちはそんな光など見ていないという。

結局、怪しいことは他に何も起こらず現地をあとにしたのだが、話はまだ続く。

この日以来、里亜さんはたびたび金縛りに遭う体質になった。

金縛りに見舞われる直前には、かならず青白い光が瞬く夢を見るので、原因はやはり、軽はずみに出かけてしまったあの廃工場にあるのではないかと語っている。

豹変

町工場に勤める山岡《やまおか》が、五年ほど前の夏場に体験した話である。

「おい、心霊スポット行こうぜ！」

職場の飲み会が終わった帰り道。後輩が運転する車中で、山岡は唐突に切りだした。

「嫌っすよ。俺、そういうの苦手なんすから……」

運転席でハンドルを握る後輩が、顔色を曇らせながらおずおずと答える。

一方、話を持ちだした山岡自身は別段、そうした方面に興味があるわけではなかった。

ただ、酔いの火照《ほて》りと勢いに任せ、少し羽目を外してみたいだけだった。

「いいから行くぞ！　すぐ近くだし、そんなに時間はかかんねえ！」

有無を言わさず宣言すると、後輩をうながし、目当ての心霊スポットへ向かわせた。

まもなくたどり着いたのは、町外れの雑木林の合間にひっそり佇む古びた一軒の民家。昔から地元界隈では「幽霊が出る家」と噂の絶えない廃屋である。時刻は日付が変わって、そろそろ深夜零時台を半分過ぎる頃。車外にはうっすらと靄《もや》が立ちこめ、いかにもおあつらえ向きの雰囲気だった。ダッシュボードに入っていた懐中電灯を片手に、意気揚々と車を降りる。家は淡いベージュ色の外壁をした二階建ての洋風建築。十字枠の格子窓や、玄関口に設えられた観音扉の雰囲気が、欧米のホラー映画に出てくる幽霊屋敷を彷彿させた。玄関に施錠はされておらず、ノブを捻るとドアは簡単に開いた。

山岡を先頭に、そろそろとした足取りで家の中へと入りこむ。

外構えと同じく、家内の造りも洋風のそれだった。板張りの広々としたリビングには天井から巨大なシャンデリアが吊りさがり、壁際のサイドボードには高級そうな置物や洋酒などが肩を並べてひしめいていた。

リビングから再び廊下へ戻り、家じゅうのドアを次々と開いて回る。

寝室とおぼしき部屋はベッドの上にきちんと掛布が敷かれ、家具や小物のたぐいにも乱れはない。バスやトイレ、キッチンもほぼ同様に整然とした様相を保っていた。

「ここ、本当に心霊スポットなんすか？　荒らされた形跡も全然ないみたいすけど」

真っ暗な廊下を歩きながら、後輩がぼそりと口を開いて言った。

「前に人が住んでたのって何年くらい前なんです？　中は結構新しいっすよね？」

彼が言うとおり、内部は異様なまでに綺麗だった。

山岡の記憶では確か、二十年以上も前から廃屋だったはずの家である。

中には一度も入ったことはなかったが、最前まで思い抱いていた印象と目の前に映る現実に隔たりがあり過ぎて、頭が少し混乱した。

「今でも誰か住んでんじゃないんすか？　でなけりゃ誰かが最近、越してきたとか」

あるいは本当にそうかもなと思い、試しに廊下の壁にあったスイッチを押してみる。

だが、電気はつかなかった。台所に行って蛇口を捻っても、水は一滴も流れない。

「ところでここって、どういうお化けが出るんすか？」

再び廊下へ戻ってくるなり、後輩が尋ねてきたが、そんなことは山岡も知らなかった。

無論、何かを感じるようなこともなく、そろそろ散策するのも飽き始めてきた。

「さあな。おめえの母ちゃんでも出るんじゃねえのか？」

適当な言葉を返し、廊下の壁にあるクローゼットとおぼしき木製の鎧戸を開け放つ。

中には白いローブを着た女がずらりと並んで、こちらをじっと見つめていた。

思わず「うおっ！」と悲鳴があがり、すかさず扉を閉め直す。

同じく悲鳴をあげて、玄関口に向かって走りだした後輩の背中を山岡も追いかける。

だがその時、再びぎょっとなって勝手に足が止まってしまう。

今しがたまで綺麗だったはずの廊下が、一気に年を重ねたかのように荒れ果てていた。

床には分厚い埃が積もり、薄汚れた壁の上には、無数の穴やひっかき傷がついている。

天井には大きな蜘蛛の巣が張られ、電球も粉々に割れてソケットだけが残っている。

再び悲鳴をあげて駆けだすさなか、視界の端に入ってくるリビングや他の部屋の中の様子も同じく、荒れ放題になっていた。

真っ青になりながら玄関を飛びだし背後を振り返ると、家の外装もぼろぼろになって、先刻までとはまったく別の姿に変わっていたという。

スペクタクルショー

長倉《ながくら》さんが高校時代の話だという。

ある日の放課後、クラスのヤンキーグループに因縁をつけられてしまった長倉さんは、学校から少し離れた距離にある、古びた民家の前へ連れだされていった。

この家はその昔、役所勤めをしていた息子に狐がとり憑いたとして、年老いた両親が息子に暴行を加えて大火傷《やけど》を負わせるという過去があった。

息子は命に別状こそなかったが、大きな後遺症が残り、両親は暴行容疑で逮捕された。以来、家に住む者は誰もおらず、何十年も放置されたままになっているのだという。

「おい、そしたらさっさと行ってこいや」

リーダー格の哲己《てつき》という少年が家の玄関口を顎でしゃくりながら、長倉さんに言った。彼の傍らに立つ取り巻きたちもにやにやしながら、「さっさと行けよ」と囃《はや》し立てる。

彼らは長倉さんに独りで家に入らせ、中の様子を写真に撮ってこいという。

外はすでに日が少し傾き始め、薄暗くなっていた。半分破れた玄関戸のガラス越しに見える家の中は、さらにもっと暗くて薄気味が悪い。

怖くて嫌だったのだけれど、下手に断ったら何をされるか分かったものではなかった。

渋々玄関戸を開き、陰気な闇に染まった家の中へと入っていく。

土足のまま上り框《かまち》を踏み越え、玄関口の廊下へ足をおろすと、半分腐りかけた床板が「みしり」と鈍い音を響かせた。

床板はあちこちが途切れ途切れに抜け落ちて、床下に広がる湿った土を覗かせている。

奥に進んでいくのをためらいつつも、うっかり落ちてしまわないよう、慎重な足取りで歩きだす。

家の中のどこを撮れとは指示されていなかったので、玄関口のいちばん手前に面した障子戸をこじ開けた。中はどうやら座敷だった部屋らしく、黒々と腐った畳の大部分が斜めになって滑り落ち、雑草の生い茂った床下が剥きだしになっていた。

ここでいいかと思ってポケットから携帯電話を取りだし、荒れ果てた座敷に向かってシャッターを切る。

とたんに雑草の間から無数の黒い虫が一斉に飛びだし、座敷の中を飛び回り始めた。

「うわっ！」と悲鳴をあげて仰け反るなり、まるでこちらの悲鳴に気づいたかのごとく、宙を舞う虫たちの一部が小さな群れをなして近づいてきた。

すかさず踵を返して廊下を走り、猛然とした勢いで玄関口から飛びだす。

外へ出るなり、玄関前に並んでいた哲己たちが、腹を抱えてげらげらと笑いだした。

「おめえ、どんだけビビりなんだよ！　戻ってくんの秒速で早すぎますから！」

長倉さんの顔を指差しながら、哲己が大口を広げて笑い叫ぶ。

そこへ背後から、長倉さんの首筋を黒い虫が一匹掠めて、哲己のほうへ飛んでいった。虫は哲己の口の中に入っていったが、彼は気づく様子もなく、バカ笑いを続けている。

それから哲己に「写真を見せろ」と言われたので、素直に見せた。

ところが、荒れ果てた座敷の写真を見るなり哲己は、「何も写ってねえじゃねえか！霊を写せ、霊を！」などと怒鳴り始め、長倉さんの顔を殴りつけた。

「だからてめえは全然使えねえって言われんだよッ！」

取り巻きたちも一緒になって怒鳴りだし、長倉さんは人気のない古びた家の玄関前で、哲己たちから殴る蹴るの暴行を加えられた。

その翌日のことである。午後から体育館で全校集会が催された。

先日、地元でおこなわれたスポーツ大会の表彰式をおこなうための集会だった。

表彰を受ける生徒の中には、哲己の姿もあった。

陸上部に所属している彼は、個人走の種目で一位をとったとのことだった。

好成績を収めた生徒たちは、ステージ近くの壁際に並べられたパイプ椅子に腰かけて、名前を呼ばれた順にステージへあがり、校長から賞状を授与される。

やがて哲己の順番がやってきた。

澄まし顔で壇上にあがり、演台の向かいで賞状を読みあげた校長から賞状を受け取る。そうしてこちらへくるりと向き直り、深々と一礼をしたあとだった。

「さてさて、お次はみなさんお待ちかね！　スペクタクルショーの始まりでえす！」

哲己が突然、満面をぱっと輝かせ、ステージを見あげる数百人の生徒たちに向かって賑々しい叫び声を張りあげた。

長倉さんを始め、体育館に集った全員が首を傾げ、一体何が始まるのかと思いながら見ていると、哲己はこちらがまるで予想だにしなかった行為に出た。

「こーんこーん、こここーん、こーんこーんこーん！」

奇妙な節の鼻歌を口ずさみながら、哲己は素早い手つきで開襟シャツのボタンを外し、中に着ていたTシャツごと、べろりと皮を剥がすかのように脱ぎ捨てた。

「こーんこーん、こここーん、こーんこーんこーん！」

続いてベルトの留め具を手早く緩め、今度はズボンとパンツを一緒に脱ぎおろした。

「こーんこーん、こここーん、こーんこーんこーん！」

大勢の観衆を目の前に、生まれた時と同じ姿になった哲己は、なおも満面に輝かしい笑みを浮かべたまま、今度は演台に向かってぽんと跳ねあがった。

演台の向かい側では校長が大口をあんぐり開けて突っ立っていたが、そんなものなどお構いなしに、哲己はさらなる暴挙に出る。

「これがみんな大好きッ！　哲己ちゃんのスペクタクルショォォォォ！」

こちらに向かって演台の上に座った哲己が、両手でがばりと両腿を開き、M字開脚のポーズをとった。いつのまにか怒張して垂直にそそり立った陰茎と、その下にぶらりと垂れさがる毛むくじゃらの玉袋。そして、その真下にぱっくりと開いた菊の花。

それら全てがステージを見あげる観衆に向かって、惜しげもなくはっきりと晒される。

ここでようやくはっとなった教員たちがステージへ駆けあがり、哲己を演台の上から引きずりおろした。長倉さんを含む生徒たちも我に返って、体育館じゅうにどよめきの声があがり始める。女子たちからはたくさんの悲鳴もあがった。

「こーんこーん、ここここーん、こーんこーんこーん！　こんこんこんのこーんこん！」

だが、それでも当の哲己は未だ正気に戻る気配はなかった。

哲己は満面にはちきれんばかりの笑みをこしらえ続け、奇妙な鼻歌を口ずさんだまま、彼は教員たちに抱えあげられ、体育館から姿を消していった。

翌日から、哲己が学校に姿を見せることはなくなった。

担任からは「ちょっと疲れているようだから、しばらく学校を休むそうです」などと言葉を濁した説明があったが、彼が正気を失ったことは誰の目にも明白だった。

その原因も長倉さんは、「疲れている」からではなく「憑かれている」からだろうと思ったのだが、さすがにそれは誰にも口にすることはなかった。

あれから二十年近く経つのだが、哲己は今でも病院通いを続けているらしい。

梵字

今から三十年ほど前。光井《みつい》さんが中学を卒業後、進学も就職もせず、悪い仲間たちと付き合っていた頃の話である。

当時、光井さんたちは、夜な夜な仲間の家や地元のコンビニに集まっては盛大に騒ぎ、ひたすら無為な時間を過ごしていた。

幼い頃に父親を病気で亡くし、家族は母親と中学生になる妹だけ。時々、母に小言を言われることはあったが、誰もきつく咎める者はおらず、やりたい放題だった。

だがある時、いつものように深夜、仲間の家へ遊びにいくと、仲間の父親が玄関先で待ち構えており、怒鳴りつけられた挙句、出入りを禁止にされてしまった。

また同じ頃、コンビニのほうでも警察に相談したらしく、深夜を過ぎる時間になると、警官が見回りに来るようになってしまった。

行き場をなくした光井さんたちが相談し合った結果、新しい溜まり場に決まったのは、郊外の丘の上にある古い墓地だった。

墓地は周囲を鬱蒼とした雑木林と高い塀に囲まれ、周囲に住宅は一軒もない。管理している寺も丘から遠く離れた町の中にあったため、夜中になると墓地の周囲は人っ子ひとり通らず、どれだけ騒ごうと誰にも気づかれる心配はなかった。

場所が場所だけに初めは少し気味悪がっていたものの、いくらも経たず慣れてしまい、夜通し酒を呑みながら馬鹿騒ぎを繰り返すようになった。

広い墓地の至るところにはお菓子や団子が頻繁に供えられていて、時にはカップ酒が供えられていることもあった。光井さんたちは、墓地を訪れると初めにそれらを回収し、供え物をつまみ代わりに、カップ酒は予備のお代わりとして拝借していた。

それからひと月ほどが過ぎた晩のこと。

いつものように供え物を掻き集め、墓石の前で酒を酌み交わしていると、仲間の茂《しげる》が、ふいにこんなことを言いだした。

「なあ、幽霊って本当にいると思うか?」

周囲の反応は様々で、「いねえから！」と笑い飛ばす者もいれば、「やめろよ……」と顔色を曇らせる者、「俺は見たことあるぜ！」などと、昔の体験談を語り始める者など、ちょっとした怪談話に花が咲き始めた。

折りしも夏の盛りだったことも手伝い、光井さんらはこの話題に大いに盛りあがった。

やがて二時間以上も話しこんだ頃、茂が今度はこんなことを言いだした。

「なあ、お前らさあ。祟りとか呪いって、本当にあるって思うか？」

「さあ、ねえんじゃねえの？　そういうのって単なる思いこみとか、錯覚だろ？」

他の仲間が笑いながら答えた。

「お前はどうよ？　ねえって思うほう？」

同じ質問が、今度は光井さんに向けられた。

「俺もねえと思う。祟りとか呪いとかって、なんか古臭えよ」

少し考えたものの、光井さんは思いつくままの答えを返した。

「ふうん、お前らはそう思うんだ。なあ。じゃあさ、そういうのがねえって思うんなら、結構無茶しても大丈夫だよな？」

光井さんらの答えを聞いた茂が、目を輝かせながら身を乗りだした。

「あ？　無茶ってなんだよ？　意味分かんねえし」

最初に質問に答えた仲間が、訝しげな顔で切り返す。

「だからさ、そういうのがねえって思うんだったら、別に怖くねえだろ？」

「なんなんだよ、はっきり言えよ」

要を得ない茂の口ぶりに、光井さんは苛立ちながら言葉を返した。

茂はいかにも勿体ぶった咳払いをしたあと、再び口を開いた。

「実験しようぜ、祟りの」

「実験って、どんな実験？」

尋ねると、彼は周囲をぐるりと見回しながら言った。

「材料ならいっぱいあるじゃん。ここの墓石になんか罰当たりなことをしてみてくれよ。そんで、お前らの身にもしもなんかが起きたら、それはやっぱり祟りとか呪いとかって、マジにあるってことになるじゃん？」

にやつきながら言いきると、茂は光井さんたちの顔をまじまじと覗き見た。

「お前、何言ってんだよ、ふざけてんのかよ？」

「お。やっぱ怖えんだ？」

「アホ。違えよ。んなことすんのは面倒臭えし、バカみてえだからだよ」

「ふぅん……。とか言ってお前、本当はやっぱりビビッてんじゃねえ?」

薄笑いを浮かべながら光井さんを見つめる茂の態度に、カチンときた。

「バカテメー、ふざけんな。ビビるわけねえだろ!」

すでに出来あがってもいた光井さんは、酒の勢いに任せてすっくと立ちあがる。

手近にあった墓石の前にずかずかと詰め寄ると、墓石に向かって我慢していたものを一気に押しだす。激しい飛沫が撒きあがり、墓石はたちまち小便まみれになった。

「どうだコラ? こんなもん、ただの便所石だよ! こんなもんで呪われっかよ!」

放尿しながら仲間たちに大見栄をきると、「おおぉっ!」と驚愕のどよめきがあがり、それから大きな拍手が沸きあがった。

「どうだ? いい感じだったろ? お前こそビビッたんじゃねえの?」

今度は光井さんのほうがにやつきながら、茂の顔を覗きこんだ。

「っせえよ。別にビビんねえし。でもお前、すげえな。これでなんも起こんなかったら、俺も祟りとか呪いなんてもんは、やっぱりこの世にねえんだって認めてやるよ」

光井さんの蛮行に気をよくした茂は、光井さんの肩を抱きながら笑い始めた。

その時だった。突然、光井さんの全身に鋭い痛みが走った。

まるでガラスの破片を肌身に力いっぱい擦りつけられるような、凄まじい痛みだった。

あまりの痛さに立っていることすらできなくなり、堪らずその場にばたりと倒れこむ。

だが、痛みはさらに激しさを増し、今度は地面の上でのたうち回る羽目になった。

「おい、どうした！」

仲間たちに声をかけられたが、まともに返事をすることすらできなかった。

「マジかよ、やべえな……。おい、バックれっぞ！　なあ、歩けっか？」

怯えた声で茂が叫び、他の仲間たちが光井さんの両肩を持ちあげる。

「とりあえず、お前んちまで行くからな！」

仲間たちに引きずられ、墓地の外に停めてあるバイクに向かって戻り始める。

だが、墓地を抜けだしてまもなくのことだった。

「うわっ！　お前、なんだそれ！　なんなんだよ！」

道端に立つ街灯の近くまで来たとたん、仲間たちが光井さんを見て悲鳴をあげ始めた。

痛みに悶え苦しみながらも仲間たちが向ける視線をたどっていくと、光井さん自身も
ようやく自身の身に起きていた異変に気づき、獣のような叫びをあげた。

Ｔシャツから剥きだしになった両腕に、真っ赤な文字がびっしりと刻まれていた。漢字のようにも、何かの記号のようにも見えるその文字は、赤いみみず腫れになって両腕から手首、指先に至るまで、満遍《まんべん》なく浮かびあがっていた。

がたつく指先でＴシャツを捲りあげると、胸にも腹にも、文字は浮かびあがっていた。

仲間たちに視線を移すと、「顔にも出てる……」と消え入りそうな声で言われた。

「なあ、これさ、梵字《ぼんじ》ってやつじゃねえ？」

光井さんに浮き出た文字を見つめていた仲間のひとりが、ふいにぼそりとつぶやいた。

言われてみると、確かにそれは梵字だった。たちまち背筋がぞっと凍りつく。

痛みは先ほどまでと比べると、少しずつ治まりかけてきていたが、身体中に浮かんだ梵字は、まったく消える気配がなかった。

深夜の町中を猛スピードで走り続け、ほどなくして自宅へ送り届けられた。

門扉をくぐり抜けると、遅い時間だというのに、家には明かりがついていた。

仲間たちに肩を貸してもらい、玄関戸を開ける。

とたんに家の中から呻き声が聞こえ、ぎょっとなった。

「お兄！」

続いて血相を変えた妹が現れたが、光井さんの姿を見るなり、大きな悲鳴をあげた。

「ああこれな、ちょっとワケありなんだよ。兄ちゃん大丈夫だから入れてくんねえ？」

仲間たちが事情を説明するのが終わるや否や、再び妹が悲痛な声で叫んだ。

「お兄！　お母さんが大変なんだよッ！」

妹にせかされて茶の間へ向かうと、そこには全身に真っ赤な梵字を浮かびあがらせた光井さんの母がぐったりと横たわり、うーうーと苦しそうな呻き声をあげていた。

「おい！　お母《か》ん！　どうした！」

溢れそうになる涙を必死で抑えながら、母に声をかける。

「さっきね、お母さんの部屋からすごい悲鳴が聞こえたの。びっくりして行ってみたら、もうこんなになってた。お母さんも眠ってたら急に身体が痛くなって、この変な腫れが浮き出てたって。全然わけが分かんないって……」

そう言ってがくりと項垂れると、妹は声をあげて泣き始めた。

「お母ん。なあおい、大丈夫か……？」

光井さんは母の傍らに座りこんで背中を擦り、もう片方の手で母の手を握り締めた。

すると握り締めた母の手が、ぎゅっと光井さんの手を握り返した。

「お母ん！　おい、大丈夫か！」

身を乗りだし、母の顔を覗きこむ。

母はぜえぜえと荒い息を吐きながら、脂汗まみれになった顔をゆっくり持ちあげると、光井さんの目をきっと睨み据えた。

それは、思わず身震いしてしまうほど凄まじい怒気を孕んだ、恐ろしい眼差しだった。

こんな目をした母を見るのは、生まれて初めてのことだった。

「連れでぐわ」

続いて母の口から掠れた低い声が、ぼそりと小さくこぼれ出た。

「頭さ来たがら、おめえもガガァも連れでぐわ……」

母の声ではなかった。年老いた男の声のようだった。

「向ごうさおめえら連れでって、地獄さ叩ぎ落どしてやるわぁ……」

まるで地の底から響いてくるような低くて重い声風《こわぶり》と、言葉の意味を受け止めるなり、みるみる全身から血の気が引いて、涙がどっと溢れた。

「許してください。すみませんでした……」

「駄目だな、手遅れ。連れでぐわ」

涙声で懇願した光井さんに、男の声が即答する。

有無を言わせぬその言葉に、光井さんは項垂れながらむせび泣いた。

そこへふいに母ががばりと首を持ちあげ、光井さんの背後で蒼ざめながら座っていた仲間たちに怒声を張りあげた。

「おめえらもだがらな！　他人事だど思ってんでねえど！」

とたんに彼らは、ぎくりとなって身を跳ねあげ、口々に悲鳴を漏らした。

「謝ります！　謝りますから、許してください！」

調子の外れた震え声で茂が懇願したが、母の口から飛びだす男の声は間髪を容れず、

「もう遅えわッ！」と怒鳴り返した。

「俺も謝ります！　すみませんでした！　お願いですから許してください！」

他の仲間たちも涙を流しながら謝罪の言葉を叫び始めた。それを遮るように男の声は、

「もう遅いッ！」を繰り返したが、他にどうすることもできず、光井さんも仲間たちと一緒になって謝罪を続けた。

生きた心地もしないまま謝罪を続け、三十分近くが過ぎた頃だった。

それまで怒り猛っていた男の声が、ふいに止んだ。

涙を拭いながら母の様子を見てみると、先ほどまで大きく見開かれていた両目が閉じ、野太い怒鳴り声に変わって、掠れた吐息が口からこぼれ漏れている。

顔じゅうにびっしりと浮かびあがっていた真っ赤な梵字は、みるみる薄くなってゆき、やがて跡も残さず、ひとつ残らず綺麗に消えていった。

腕や脚に浮かんでいた梵字も消え去り、ふと気づけば光井さんの身体に浮かんでいた梵字も全て消えていた。痛みも嘘のように引いている。

「お母ん、大丈夫か？」

声をかけると母は薄く目を開け、光井さんの顔を見た。顔色はひどく悪かったけれど、いつもの母の顔つきだった。

体調を尋ねてみると、「のどが掠れてしんどい」とガラガラ声で答えが返ってきたが、痛みを始め、身体に異変はないという。

加えて母は、今まで自分がどんな状況にあったのかすら、まったく覚えていなかった。

少しだけためらったものの、光井さんはこれまでの経緯を全て打ち明けることにした。

事情を聞いた母は、長いため息を漏らしたあと、静かな声で光井さんに言った。

「そんなことをすればこんな目にも遭う。でも本当にかわいそうなのは、お母さんでもお前でもない。ひどいことをされた仏さんのほうだよ。罰が当たって当たり前」

掠れ声でつぶやくように言った母の頬に、細い涙が伝い始める。

「夜遊びするのも、煙草を吸うのも、お酒を呑むのも、いいっていうわけじゃないけど、どうせ最後に泣くのはあんた。自分の責任でやる分には仕方がないし、勝手にしなさい。でも、他人さまを傷つけたり、踏みにじったりするような真似だけは、絶対に許さない。今夜は亡くなった仏さまに対して、これ以上ないくらい最低のことをあんたはしている。亡くなって、物を言うことのできない相手にこんなことを平気でしてしまえる人間はね、生身の他人さまに対してはいつかきっと、それ以上にひどいことをしてしまうもんだよ。学歴なんかどうでもいい。仕事も一生懸命やるんなら、何を選んだって恥ずかしくない。でもこれができないと、あんたは何をやってもどうしようもない人間のまんまだよ」

お願いだから情を、思いやりを持ちなさい。人の痛みを知りなさい――。

言い終えると母は掠れた声ですすり泣き、両目が真っ赤になるまで泣き腫らした。

翌日、光井さんは朝の早い時間に目覚めると、仲間たちと再び件の墓地を訪れた。

昨晩、小便を浴びせた墓石の前に土下座をし、改めて謝罪をおこなった。

それからこれまでの間、墓前から掠め取ってきたお供え物の件も、墓地じゅうの墓を全て回って丁重にお詫びをした。


その後、時間はかかったものの、光井さんは地元で仕事を見つけ、働くようになった。

梵字の一件以来、それまではすれ違い気味だった母との関係も徐々に改善されてゆき、しだいに笑いながら交わす言葉が増えていった。

光井さんは現在、長距離トラックの運転手をしている。

成人後、まもなくに結婚して、ふたりの子供も授かっている。

母との関係も変わらず良好だそうで、休日には家族と母を連れて行楽に出かけるのが、何よりの楽しみなのだという。

「あの夜、仏さんからこてんぱんに怒られて、おふくろに泣きながら諭されなかったら、今の自分はなかったです」

四十代の半ばを過ぎ、頭に少し白髪の混じり始めた光井さんは語る。

「罰当たりなことをしでかしたし、親不孝もたくさんしたけど、そんな最低な自分にもやり直すチャンスを与えてくれた仏さんとおふくろに、心から感謝しています」

光井さんはそう言って、穏やかに笑った。

毎年お盆になると、あの墓地を訪ねて墓のひとつひとつにお菓子を供えているという。

妻と母も同伴して、一緒に手を合わせてくれるそうである。

「死ぬまでお詫び、ひたすらお詫びだし、俺と家族をつないでくれるお礼ですから」

そう言って光井さんは、澄んだ目をしてまた笑った。

赤い顔

斯様に多大なリスクが生じる心霊スポット探訪なのだが、実を言うと私自身も過去に一度だけ、仕事以外の目的で心霊スポットへおもむいたことがある。

今を遡ること二十年ほど前、高校三年生の夏休みだった。

ある晩私は、地元に暮らすガラの悪い先輩と仲間たちに半ば無理やり誘われ、県内の山中にある廃ホテルへ興味本位の肝試しへ出かけることになった。

夜半過ぎに車で出発し、現地に着いたのは深夜の二時近くだったと思う。

敷地の周囲を背の高い樹々に囲まれた廃ホテルは、五階建ての細長い造りをしていて、元は白かった外壁の大半が焼け焦げて黒ずんでいた。

だいぶ前に火事が起きて、そのまま廃業したホテルなのだという。

火災時に犠牲者が出たのかどうかは不明だったが、幽霊は出るとのことだった。

ホテルの一階部分はエントランスのガラス扉を含め、窓の大半が割れ落ちていたので、中に入るのは容易だった。先輩らが持参した懐中電灯の明かりを頼りに一階から順番に各部屋を覗いて回り、続いて上の階も見て回った。

内部は半焼状態で、墨をぶちまけたように黒々と焦げついている廊下や部屋もあれば、廃墟特有の荒れた様相を呈しながら埃を被っているだけの部屋もあった。

火元がどこだったのか、いまいちよく分からなかったのだが、私以外にそんなことを気にしている者はいないようだった。誰も彼もが強張った笑みを浮かべながら、幽霊がいつ出てくるのかと盛りあがっている。

一方、私のほうは、暗闇のどこかになんとなく薄気味の悪い気配を感じはするものの、内部をどれだけ歩けど、特に何かが視えたり聞こえてくることはなかった。

そうして何事も起こることなく、最上階までたどり着き、やはり何事も起こることがないままエントランスまで戻ってきた。

「なんだ、結局何もなしかよ。つまんねえ」

へらへら笑いながらぼやく先輩の言葉を聞きながらエントランスを出ると、目の前に車のヘッドライドが灯って、こちらを照らしつけていた。

車のそばには若い男女が四、五人突っ立って、こちらを訝しむような目で見つめている。

その物腰から察して私たちと同じく、肝試しに来たのだとすぐに分かった。

「こんばんは。結構気味は悪かったけど、別になんにも出なかったよ！」

彼らに向かって先輩が声をかけると、向こうは一様に安心したような笑みを浮かべて、

「そうなんですか」と返してきた。

先輩が放った率直な感想に、私も「確かにな」と思う。

当時から私は、人の目には視えない妙なものを目にすることがたびたびあったのだが、それらを視るのは通い慣れた高校の通学路や地元の街中など、特にこれといった曰くや因縁がありそうな場所ではなく、至って日常的なロケーションが大半だった。

真偽のほどは不明ながら、一応〝心霊スポット〟として噂が囁かれている場所ならば、それなりに厭な目に遭わされる覚悟で渋々同行したというのに、探索が終わってみればこの体たらくである。

何事もなくて幸いなのは承知しつつも、多大な緊張を強いられていた分、肩透かしを喰らった感も否めなかった。

まあ、世間の噂なんて所詮はこんなものだよな。おかげでいい社会勉強にはなった。

思いながら暗闇に包まれたホテルを見あげると、屋上の縁から真っ赤な顔をした男がぬっと首を突きだし、こちらを見おろしながら笑っていた。

「真っ赤な」というのは、誇張でも形容でもない。

男の顔は、ペンキで塗り固めたかのようなどぎつい赤に染まっていた。

髪の毛はなく、つるつるに禿げあがった頭も真っ赤に染まってぎらついている。

その半面、満月のごとく丸く見開いたふたつの目玉と、剝きだしになった唇から覗く歯の行列は真っ赤な顔の中で真っ白く映え、得体の知れない紅白模様を織りなしながら、こちらをじっと見おろしている。

一目するなり、それが生身の人でないことはすぐに分かった。

見た目の異様さもさることながら、男が顔を覗かせているのは、地上から十メートル近くも離れた廃ホテルの屋上である。周囲に街灯などの明かりがあるわけでもなければ、こちらが男に向けて懐中電灯の光をかざしているわけでもない。

それなのに男の顔は、漆黒に染まった屋上の縁にくっきりと像を結んで浮かびあがり、微細な歯並びに至るまではっきりと見て取ることができる。

たちまち頭が「まずい」と判断し、目をそらした。

そらした視線の先には、ヘッドライドがついた車のそばに佇む、私よりも少し年上とおぼしき女の子の姿があって、彼女もホテルの上へと視線を向けていた。

反射的に彼女の視線を追って目を向けると、再び真っ赤な男と目が合った。

すかさず視線をそらして女の子のほうへ目を向ければ、蒼ざめた顔を浮かべた彼女が頭上の男に向かってまっすぐ視線を注いでいるのが分かった。

ああ、彼女も視えている。

戸惑いながら思った時である。頭上を見あげる彼女が、同伴していた男女に向かって「ねえ、やめようよ……」と、か細い声でつぶやいた。

それには私も同意だった。不穏としか思えない事情を知ってしまえば、あんなものが上から笑みを浮かべて見おろしているような建物に真夜中、物見遊山で入りこむことは自殺行為としか思えなかった。

ところが彼女の訴えは、同行していた男女の誰にも受け入れてはもらえなかった。

「そんなにビビんなくてもいいよ。大丈夫だから、早く行こう！」

彼女のすぐ隣に立っていた青年が笑いながら答えると、他の男女も彼の言葉に同調し、「行こう、行こう！」と騒ぎ立てた。

「馬鹿だな」と思いながらその様子を遠巻きに眺めていたところへ、こちらも先輩から「おい、帰るぞ！」と声をかけられた。

車に乗ってホテルの敷地を出る頃に窓から再び様子をうかがうと、気の毒な女の子はうかれはしゃぐ男女に混じって、ホテルの中へ消えていくところだった。

翌日、私は原因不明の熱をだして一週間近く寝こむ羽目になった。

発熱による倦怠感も相当ひどいものだったが、熱が引くまでの間、ホテルの屋上からこちらを見つめる男の夢を何度も見せられ、精神的にもかなり堪える思いをさせられた。

この一件ですっかり懲りてしまった私は以後、誰からどんな形で誘いを受けようとも、興味本位で心霊スポットに近づくことはなくなった。

私たちと入れ替わりで入っていった女の子がその後、どうなったのかは分からないが、今でも無事に過ごしていることを願うばかりである。

姿見

休日の夕方、大仁田《おおにた》さんが自宅アパートの近くに延びる林道をジョギングしていると、道端の草むらの中に姿見が落ちているのが見えた。

黒い外枠の裏側にスタンドがついた、高さ百五十センチほどの細長い形をした姿見で、泥土がかかって少し汚れていたが、鏡面に傷などもなく概ね綺麗な状態だった。

いいものを見つけたと喜び、さっそく家に帰って居間の片隅に姿見を立てかける。

鏡の前に立ってみると、首筋に太い縄を巻きつけて突っ立つ自分の姿が映っていた。

縄は首のうしろでぴんとした一本線を描き、鏡の上へと向かって伸びている。

すかさず姿見を抱えあげるなり、全速力で元の場所へと戻してきたそうである。

リターン

野宮《のみや》さんが友人たちと自殺の名所として名高い、海辺の断崖絶壁へ出かけた時のこと。

切り立った岩肌の上から、はるか真下の眼下で激しくうねる波の様子を眺めていると、近くの足元に小さなキューピー人形が落ちているのを見つけた。

人形は小指ほどのサイズで、頭の先に短くちぎれたチェーンがついていた。元はストラップだったらしいが、どうやら誰かが落としていったようである。

あるいは、ここから身投げをした者が落としていったものかもしれない。

人形を掴みあげ、「おめえも行けよ！」と笑いながら崖の下へと放り落とした。

そうして崖から戻る帰り道、ふいに何かがのどに詰まって苦しくなった。

堪らずその場に膝を突いて咽《むせ》びながら吐きだすと、口から出てきたのは先ほど崖から落としたキューピー人形だったという。

高くついた

前話とはまた別の、だがやはり自殺の名所として名高い断崖絶壁での話である。

保ケ辺《ほかべ》さんが彼女とふたりでこの地へ出かけた帰り道のこと。

断崖からほど近い歩道の一角に、古びた公衆電話があるのを見つけた。

傍らに立つ看板の文面を読んでみると、自殺志願者の救済用に設置されているもので、彼らの悩みを聞いてくれるコールセンターの番号も記載されていた。

電話の脇にはアルミ製の缶が置かれ、中には十円玉がたくさん入っている。

財布の小銭が足りなくなってきていたので、ちょうどいいなと思った。ポケットから財布を取りだし、缶の中に入っている小銭を詰めこんでいく。

「ちょっと、何やってんの！　やめさないよ！」

隣で彼女が怒鳴り声を張りあげたが、お構いなしに一枚残らず詰めこんだ。

「最低。そんなことしたら、いつか絶対罰が当たるんだからね！」

「別にいいじゃん。こんな金、マジで使う奴のほうがよっぽど罰当たりだろ？」

避難がましい視線を向けて抗議する彼女をうっちゃり、保ケ辺さんはにやついた。


それから二日後、保ケ辺さんは地元に建つ雑居ビルの屋上から飛び降りて亡くなった。

遺書は見つからず、周囲の誰もが自殺するような動機もなかったと語り合っていたが、理由を知っている彼女だけはたちまち蒼ざめ、卒倒しそうになった。

慌てて件の断崖絶壁へ向かうと、空っぽのままになっていたアルミ缶の中に十円玉をぎっしり詰めて、電話の前で長々と手を合わせてきたそうである。

ざくざく

真名子《まなこ》さんは中学三年生の頃に、こんな体験をしたことがある。

その日は期末試験の関係で、午前中に学校が終わった。

明日のテストに備えるために早々と帰宅して、自室がある二階の階段を上っていくと、部屋の中からざくざくと、妙な音が聞こえてくることに気がついた。

当時、真名子さんのお母さんはパート勤めをしていた関係で、日中は家を空けていた。今日は早めに仕事が終わったのかと思ったのだが、どうにもしっくりこなかった。

部屋の中からざくざくと聞こえてくる乾いた物音は、掃除をしている音でもなければ足音でもなく、今まで一度も耳にしたことのない異質なものだった。

無意識のうちに忍び足になって階段を上りきり、部屋に向かって近づいていくにつれ、音はますますはっきり聞こえてくる。

もしかしたら泥棒かと思って怖くなったけれど、音の正体を知りたいとも思った。

足音に気をつけながら廊下をそっと渡り、自室のドアを静かに少しだけ開けてみる。

部屋の中には、セーラー服を着た髪の長い少女が床の上に座りこんでいた。

少女は呆けたような顔つきでぽかんと口を広げ、虚空を見つめながら、自分の片腕をカッターナイフで一心不乱に切り刻んでいた。

「ぎゃっ！」と悲鳴をあげるなり、少女がこちらに視線を向けて立ちあがる。

反射的に背後へ飛び退いたのだが、向こうの動きのほうが速かった。

少女は跳ねるような勢いで接近してくると、両目をぎょろりと大きく剥きだしながら、血みどろになって骨まで露出した片腕を真名子さんの眼前にひらつかせて見せた。

そこで意識がふつりと途切れてしまう。


再び気がつくと夕方になっていて、真名子さんは自室のドアの前で倒れていた。

恐る恐る起きあがって部屋の中を覗いてみたが、少女の姿は見当たらなかった。

それ以来、周囲で怪しいことが起こることは何もないそうだが、自分の腕を切り刻む少女の姿が脳裏に焼きついてしまい、今でもカッターは見ることさえも厭だという。

たまこと穢《けが》れ

二〇一七年八月上旬。世間がまもなくお盆を迎えようとしている、昼下がりのこと。三月《みつき》ぶりにたまこが我が家にやってきた。

「なんだか最近、身体の調子がよくなくって……」

仕事場のまんなかに設えた座卓の前に座ってまもなく、たまこは小さな声で言った。顔には微笑が浮かんでいたが、その笑みは弱々しく、以前までの奇妙な自信に満ちた輝きは薄い。顔も一段と痩せ細り、色も若干蒼ざめて見える。

ここひと月ほどの間、身体がだるく感じられ、頭も常に重たい感じなのだという。食欲もあまりないから、初めは夏バテだと思ったのだが、容態は一向によくならない。病院にも行ってみたものの、特にこれといった原因が分かることもなかった。だから少しでも元気が出るよう、拝んでほしいのだという。

非常にデリケートな話題だし、本音を言えば私としても聞きたくなかったことなので、今までかわし続けてきたのだが、やむを得ないと思って尋ねてみることにする。

「仕事で嫌な思い、してない？」

問いかけるなり、たまこは一層顔色を沈ませ、うつむきながら細いため息を漏らした。

「確かに……変な人はいっぱいいますよ。というか変な人ばっかりだし、気持ち悪くて嫌な人ばっかりです。でもそれは、仕事だから仕方ないじゃないですか」

彼女の名誉を守るために具体的な説明は避けるが、常軌を逸した要求をしてくる客や、たまこを物のように扱う客、ストーカーじみた欲情を向けてくる客などが、ここ最近は多くなってきているのだという。

予想していたとおりの答えだったが、それでもひどく動揺してしまう。

「前からそういう人はいましたけど、リピートしてきて常連になってしまう人が多くて、気づくと仕事をするのが、すごく嫌だなって思うことが多くなってます」

伏し目がちな視線をこちらに送りながら、たまこが言う。

「でも、そういう人に指名してもらわないと収入は激減しちゃうし、仕方がないんです。早くお金を貯めて、一日でも早く仕事をやめようって思いながらがんばってます」

たまこを取り巻く状況から察して、彼女を心身ともに疲弊させている原因のひとつが、ストレスであることは間違いない。

だが、拝み屋という立場から判じるなら、別の理由も思い浮かんでくる。

本来ならば、他人の趣味をどうこう言いたくはないし、想像することさえ嫌なのだが、これは人の情念にまつわるものだと思う。

どんなに綺麗な遊び方をしようとも、男が女を金で買うという行為は結局のところ、己の欲望を満たすための行為である。風俗業に限った話ではなく、愛情とは似て非なる欲望という力は、向けられる対象の身を蝕《むしば》み、気力を削いでいくものなのだ。

ましてや肌と肌を重ね合わせる仕事なら、その影響はなおさらだと思う。

歪んだ欲望を向けられて疲弊もしていくだろうし、相手が持つ悪い気のようなものも肌を通して染みこんでくるのではないだろうか。

そんなことが何十回、何百回と繰り返されていけば、まいってしまうのも当然である。

以前にもたまこと同じような症状を訴えて相談に来た同業の女性は大勢いる。

生霊返しや呪詛《じゅそ》返しの御守りを作って渡し、それなりの祈願もしてあげたのだけれど、仕事をやめない限りは、あまり症状が改善されることはなかった。

症状を訴えてきたのは、いずれもたまこのように心が優しく、神経の細い女性ばかり。
これが何を意味することなのかは、言わずもがなである。
だからこの仕事は、強い精神力を持つ女性にしか向かないというのだ。
常に自身の心のケアを怠らず、見失わないようにするだけの強い意志と自己管理能力。
それに加えて特殊な仕事上、避けることは難しかろう、意想外の恥辱や侮辱に対しても
さらりと受け流して割り切れるだけの自尊心と自己客観性。
そうした「適性」を持つ者は、仕事のうえで客から余計な影響を受けることも少なく、
仮に受けたとしても、己の気力で払拭することができる。
そんな女性たちにも仕事で関わってきているので、両者の違いはすぐに分かるのだ。
やはりたまこは、「適性」を持たない娘なのだと思う。
ただ、そうは思えど、私が彼女に仕事をやめさせる権限などない。事情を説明しても
本人に聞く耳がなければ、ただの脅しのようになることも分かっていた。
だから口うるさいことは何も言わず、いつも対応するとおりに生霊返しと呪詛《のりと》返しの
そっと忍ばせた御守りを渡し、健康祈願と厄災除けの祝詞をたまこに詠んであげた。
残念ながら、これが現状において私にできる精一杯の対応だった。

「とにかく休める時は無理しないで休んだほうがいいし、稼ぐことに気を取られ過ぎて、自分を見失ってしまわないようにも気をつけて」

ぎりぎりの線でだせる言葉を向けると、たまこは素直に「はい」と応えてうなずいた。

「でも、悪い話ばかりでもないんですよ」

寸秒間を置き、笑みを浮かべてたまこが再び口を開いた。

「少し前に彼氏と話し合って、結婚式の予定が決まったんです。来年の春にしようって。それまでにはなんとかお金も貯まりそうだし、ゴールが見えてきた感じなんです」

「それはよかった。ちなみに彼氏も仕事を始めたの？」

「いいえ、それはまだです。なかなか条件に見合ったいい仕事が見つからないみたいで。でも最近は、いろいろ顔が利くっていう友達と一緒になって仕事を探しているみたいで、今度こそ見つかりそうだって言ってます。そしたら一緒にお金貯めようって」

きらきらした目でたまこは語ったが、私のほうはげんなりさせられただけだった。

前に勤めていた仕事を辞めて、一体どれぐらいの月日が経つだろう。

たまこが身体を売って稼いでいるから、毎日ぶらぶら能天気に遊んでいられるのだし、たまこの稼ぎがあるから、仕事をする気もないのである。

断言してもいいが、今も仕事など探しているはずがないと思った。

ただ、今のたまこにそんなことを断言してみたところで、傷つけてしまうだけなのも分かっていたし、おそらく何があっても別れる気がないことも分かっていた。

「ゴールが見えてくれば励みになるね。だったらなおさら、体調には気をつけないと」

代わりに少しでも前向きな気持ちになれるよう、励ましの言葉を差し向けた。

「はい、すごく楽しみにしているので、身体に気をつけてがんばりたいと思います」

快活な声でたまこは答え、少女のようにあどけない笑みを浮かべてみせた。


その後、たまこはいつものように居間へと向かって、一時間ほど真弓と楽しく語らい、ペルと遊んで帰っていった。

今度来るときもおそらく、今日と同じ用件なのだろうな。

少しでも御守りが効いてくれればいいのだけれど。

仕事場に面した廊下の窓から、たまこの車が帰っていくのを悄然とした心地で見送り、私は今後の流れを憂いて太い息を漏らした。

めりこむ

数年前、大幡《おおはた》さんは私用のため、都内を走る私鉄に乗った。

まばらに客で埋まった座席に腰をおろし、ぼんやり車内を眺めていると、自分が座る斜め向かいの座席にふと目が止まった。

座席には、二十代中頃と見られるオタク風の太った青年がひとりで座っていたのだが、そのすぐ隣に若くて綺麗な娘がふわりと腰をおろしたところだった。

娘は彼の脇へぴたりと貼りつくように身を寄せると、無邪気な笑みを浮かべ始めた。

年の頃は青年と同じ、二十代の半ばほど。光沢を帯びた長い黒髪をまっすぐに垂らし、前髪は眉のすぐ上辺りで真一文字に切り揃えられている。

服装は青みの強いデニムのジャケットに、下は白いキュロットスカート。

脚には黒いタイツと、丈の短いブーツを履いていた。

次の駅にはまだ停まっていなかったので、別の車両から移動してきたのだろうか。

それは別にどうでもいいのだが、席はまだ十分に空いていた。

だから娘があんな体勢で見知らぬ男の隣に座る必然性など、まったくないのである。

疑念を抱きながらふたりの様子を眺めていると、ふいに娘が太った青年に顔を近づけ、耳元に向かって何かを囁き始めた。

とたんに彼は口元を綻《ほころ》ばせ、満面にでれっとした笑みを浮かべ始める。

ふたりは知り合い同士なのかとも思ったが、それにしては様子が少しおかしかった。

ふたりの容姿を見比べてみても、互いに不釣り合いというか、関係性が見いだせない、艶っぽい笑みをありありと浮かべながら、娘は青年の耳に唇が触れるほど顔を近づけ、熱に浮かされたような雰囲気で、なおも何事かを囁き続けている。

一方、娘の言葉に青年の顔はますます弛緩していき、ついには口から舌まで垂らして「はぁはぁ」と荒い息まで吐きだすようになった。

違法風俗店のキャッチか何かだろうか。

真昼間の電車の中だってのに、節操のないこったな。

ふたりの様子を推し量り、大方そんなところだろうと呆れ始めたところだった。

「ぬあっ？」

大幡さんの口から、素っ頓狂な声がこぼれた。

青年の耳に貼りつくように近づいていた娘の唇が、やおら本当にぴたりと貼りついた。

続いて娘の唇が青年の耳の中へすっぽりと埋まり、さらには娘の鼻が、頬筋が、両目が、彼の頭の中へずぶずぶと埋まっていく。

異変は頭部ばかりでなく、首から下でも起きていた。

頭部の異変と同じく、娘の指や膝が青年の身体の中へ突き刺さるように深々と埋まり、溶けるようにして消えていく。

唖然としながら見つめているうちに、ほどなく娘の身体は青年の巨体の中へ全て消え、あとにはでれでれとした笑みを浮かべる青年だけがその場に残った。

目の前で何が起きたのかまったく分からず、救いを求めて周囲に視線を巡らせてみる。

だが、座席に座る他の乗客たちは、今の異変に誰も気づいていないようだった。

まもなくして、電車が目的駅へ停車した。

大幡さんが立ちあがると、青年も立ちあがって電車を降りた。

彼は卑猥な笑みを浮かべたままふらふらとした足取りで、大幡さんの前を歩いていく。

つかず離れずの距離で青年のうしろを歩いていると、ホームの階段をおりた辺りから青年の動きがさらにふらふらとなって、足元がおぼつかなくなってくる。

倒れそうだな、と思ってまもなく、青年は本当に倒れた。

ぐらりと身体を大きく斜めに傾がせ、固い床に頭を諸に打ちつけて倒れてしまった。

近くを歩いていた利用客たちから、たちまち驚きの悲鳴があがる。

周囲に群がり始めた人たちの背後から様子を覗くと、青年は白目を半開きにした顔に半笑いを浮かべて、口からぶくぶくと泡を吹いていた。

誰かが駅員を呼びにいくのを確認したので、大幡さんはその場を立ち去った。

だからその後、青年がどうなったのかは分からない。


ただ、これだけは言える。

人が〝悪い何か〟にとり憑かれる瞬間を、自分はこの目で見てしまったのだ。

今でも絶対そうだと信じていると、大幡さんは語っている。

押しかける

徳平《とくひら》さんが大学時代のことである。

休日の朝早く、自宅アパートの寝室で眠っていると、台所のほうから「とんとん」と聞こえる乾いた音で目が覚めた。

まな板に包丁が当たる音だと思ったが、徳平さんは独り暮らしである。

とっさに布団から飛び起き、寝室を抜けだす。

ままよと勢い任せに台所へ通じる戸を開けると、エプロン姿の女がこちらに背を向け、調理台の前に立っていた。

「おいっ！　誰だ、お前！」

怒鳴りつけるなり、女の肩がぴくりと跳ねあがって、やおらこちらに正面を向けた。

顔を見るなり、唖然となって目を瞠《みは》る。

台所に立っていたのは、同じ大学に通う奈恵子《なえこ》という女だった。

二日ほど前にいきなり告白されたのだが、地味で薄気味悪い感じがする娘だったので、話を半分で切りあげ、それっきりにしていた。

「お前、どうしてここにいるんだよッ！」

驚きながらも再び怒鳴りつけると、奈恵子は顔面に引きつった薄笑いを浮かべながら、徳平さんに向かって抱きついてきた。

悲鳴をあげて身体を引き離そうとしたのだが、気づくと奈恵子の姿は消えていた。

もしかしたらあいつ、死んだのではないか？

不安に思って翌日、大学で尋ねて回ったところ、奈恵子は今日も来ていると言われた。所在を訊いて恐る恐る遠巻きに様子を見てみると、確かに奈恵子は生きていた。

ひとまず安心しながらも、ならば昨日のあれはなんだったのかと考えていたところへ、奈恵子がふいにこちらを振り向き、目が合ってしまった。

それから奈恵子が台所に再び立つことはなくなったが、代わりに構内で出くわすたび、件の顔面が引きつった薄笑いを浮かべられてしまうようになったそうである。

呼び寄せる

三年前の夏。亜希子《あきこ》さんは、彼氏を亡くしている。

工事関係の仕事をしていた彼は、勤務中に生じた不慮の事故で命を落としていた。

ふたりは高校時代に知り合い、すでに六年近くも交際が続く仲だった。彼が亡くなる少し前には、結婚の約束も交わしていた。

そのため精神的なショックも大きく、彼がいなくなってからの生活は、まるで身体の一部が欠けてしまったかのような感覚に苛まれる日々が続いた。


彼が亡くなって、三回目の命日を迎えた日のことだった。

その日はいつにも増して、気持ちが沈んで堪らなかった。

朝、アパートの自室で目を覚ました時から、すでに涙が流れて止まらない。

仕事は休みをとって墓参りに行く予定だったのだけれど、どうにか出かけられたのは、すでに午後をだいぶ過ぎてからのことだった。

彼の墓前に花と大好きだった供物を供えて手を合わせると、またも涙がこぼれ始めて止まらなくなった。彼の冥福を祈る気持ちよりも、彼と過ごした楽しい思い出のほうが脳裏にまざまざと蘇り、あの頃に帰りたいという気持ちのほうが強くなる。

「帰ってきてよ、ねえお願い。ひとりでいるの、つらいんだよ……」

気づくと墓前に向かって声をあげ、哀願している自分がいた。

自宅に帰ってきてからも気持ちは一向に晴れることなく、少しでも紛らわすためにと、布団に潜りながら酒を呷った。

何杯呑んでも気持ちが晴れることはなかったけれど、杯を重ねるごとに頭の芯が鈍り、意識もしだいに霞み始めてきた。

お願いだから帰ってきて。せめて一晩でもいいから帰ってきてよ……。

霧のように白々と霞んでいく意識の中、何度も何度も心の中で願いを繰り返しながら、やがて亜希子さんは深い眠りに落ちていった。

目が覚めたのは、布団の中で右手をきゅっと握る感触と、背中に回された腕の重みに気がついたからだった。

初めは夢だと思って、このまま目を閉じていようと思っていたのだけれど、しだいに意識が明瞭になってきてもふたつの感触は消えなかった。

ああ、本当に帰ってきてくれたんだ……。

確信するなり嬉しくなって、両目をぱっと見開く。

目の前にあったのは彼氏の顔ではなく、見知らぬ男の顔だった。

頬肉のげっそりと痩せ落ちた細長い面貌に、肌が真冬の月面のごとく寒々と蒼ざめた、見ているだけで身の毛がよだつような男である。

男は満面に下卑た笑みを浮かべながら、亜希子さんの身体にぴたりと身を寄せていた。

悲鳴をあげようとしたのだが、声がだせず、身体も動かなくなっていた。

代わりにぼろぼろと涙がこぼれ始めたところへ男がさらに顔を近づけ、亜希子さんの頬を伝う涙を粘ついた舌でぺろりと舐め取った。

頭がくらりとなって視界がぼやけたところへ唇も奪われ、再び意識を失った。

この日を境にして、男はたびたび布団の中へ現れるようになってしまった。

寝苦しさに目を覚ますと眼前に男の顔があって、身体がびくとも動かなくなっている。声もだせずに泣き始めると、男は嬉しそうな笑みを浮かべて唇を近づける。

こんなことがひと月近くも続いているため、彼女はお祓いをしてほしいと、私の許へ訪ねてきたのだった。

もう彼氏のことでうしろは振り向きませんと、彼女は大泣きしながら語っていた。

いざないの海

数年前の真夏。

曽我《そが》さんは結婚を間近に控えた彼女を連れて、海辺の景勝地へ泊まりに出かけた。

初日の晩のことである。

宿泊先の旅館で早めの夕飯を済ませたあと、しばらく部屋で時間を潰していたのだが、娯楽らしい娯楽もないため、ほどなく手持ち無沙汰となった。

何をしよう？　ということになり、ぱっと思い浮かんだのは海を見に行くことだった。

海は昼間も見ていたが、他にやることもなかった。

ただぶらぶらと砂浜を歩くだけでも、それなりの時間潰しにはなるだろう。

彼女に話を持ちかけると、まんざらでもない様子でいそいそと支度を始めた。

ふたりで旅館を抜けだし、眼前に広がる砂浜へ向かって歩きだす。

空には半欠けの月がかかっていたが、視界は思ったよりも暗かった。

周囲は辺り一面、どろりとした漆黒に包まれ、水平線はおろか、白飛沫を噴きたてる波さえも見えない。

潮騒のざわめきを頼りに砂浜へおり、用心深く進んでいくと、波打ち際に押し寄せる白波のラインが、ようやくかすかに見えてきた。

とはいえ別段、何もすることはない。

夏空の尊い青さを吸いこみ、きらきらと鮮やかにうねり輝く昼の海とは様相を一変し、果ての見えない深い闇をたっぷり吸いこんだ夜の海は、ひたすらねっとりしてどす黒く、一瞥しただけでもう十分だった。

波打ち際を沿うようにして、広い砂浜をふたりで言葉を交わしながら静かに歩く。

彼女とは三年間の交際を経たのち、先頃正式に婚約を交わし、年内中には式を挙げる予定だった。

結婚前の最後の夏、ふたりで何か楽しい思い出を作りたいと彼女が言いだしたので、曽我さんは急遽、この海辺の旅館に宿をとった。

目の前にあるのは海と空。本当にただ、それだけの場所である。

泳がない曽我さんと彼女にとって楽しみといえば、海鮮料理を食べるくらいだったが、それでもふたりでいるだけで楽しかった。

現にこうして夜の海辺を並んで歩いているだけでも、その楽しさに変わりはない。

彼女と出逢えて、幸せだった。彼女と結ばれることができて、とても嬉しかった。

胸の内で喜びを噛みしめるうち、彼女に改めて想いを伝えようと考える。

その時だった。隣を歩いていた彼女の姿が消えていた。

はっとして振り返ると、彼女は曽我さんに背を向け、ざばざばと水飛沫をあげながら海へと向かって一直線に進んでいくところだった。

すかさずうしろを追うが、彼女の足は異様に速く、なかなか追い縋ることができない。

加えて冷たい海水のうねりも、曽我さんの行く手を阻んだ。

大声で名を呼びながらあとを追っていくうちに、彼女の姿が闇に紛れて見えなくなる。

曽我さんの身体もいつのまにか、胸の辺りまで海に浸かっていた。

焦りと悲嘆に駆られて、泣きだしそうになってくる。

どうすべきかと頭を巡らせてみても、まともな答えは出てこない。

そこへふいに背後から腕を回され、ぎゅっと抱き締められた。

よかった……と思って振り向くと、目の前にあったのは彼女の顔ではなく、三年前に無理やり別れた女の顔だった。

五年近く交際していたのだけれど、今の彼女が好きになってしまったので、一方的に連絡を断ち切り、友人を介して別れを告げてもらったのである。

彼女はそれから半年ほどして、自ら命を絶ったと聞いている。

そんな女が自分を抱きしめ、冷たい笑みを浮かべてこちらをじっと見つめていた。

「今度は女を殺すから」

耳元でぼそりとつぶやいた女のひと言に、頭の中が一瞬真っ白になる。

ありったけの悲鳴をあげて身を振りほどこうとした瞬間、水の中へと引きずりこまれ、真っ暗になった視界とともに、意識もたちまち暗転した。


気がつくと、波打ち際でうつ伏せになって倒れていた。

辺りはまだ、深い闇に包まれたままである。あれからどれだけ時間が経ったのかなど分からなかったし、どうでもよかった。彼女の安否のほうが気がかりだった。

救けを求めるため、ずぶ濡れになった身体に難渋しつつも旅館へ向かって駆け戻る。

ところが彼女は旅館にいた。部屋でテレビを観ながらくつろいでいた。

ずぶ濡れの身体を見るなり彼女はひどく驚き、自分は海になど行っていないと答えた。

嘘だろうと思っても、彼女は本当に何も知らない様子である。

彼女のほうはつい先刻、曽我さんがふらりと部屋を出ていったので、てっきり風呂へ入りに行ったものだと思っていた。

時計を見ると、海に出かけた時間から三十分ほどしか経っていなかった。

前の女のことについては一切語らず、曽我さんはそれきり、忘れてしまうことにした。

ところが海から帰って、二週間ほど経った頃のことである。

彼女が自室の風呂で溺れて亡くなってしまった。

訃報と死因を知らされた時、海の中で前の女が言っていた言葉が突として脳裏へ蘇り、やはり彼女に事実を打ち明け、警戒させておくべきだったと咽び泣いた。

彼女を失った曽我さんは、それからずっと独身のままである。

ただいま

夜更け過ぎ、阿子《あこ》さんが自室で眠っていた時のこと。
玄関ドアのチャイムが鳴って、「ただいま」と夫の声が聞こえてきた。
出迎える気になれず、布団の中で身を強張らせる。
夫は彼女の不倫が原因で、半年ほど前に自殺していた。
入ってこないで。神さま、お願いですから彼を中に入れないでください。
歯の根をがちがち鳴らしながら、必死で神に祈り始める。
「帰ったよ」
けれども続く夫の一声は、自室のドアのすぐ向こうから聞こえてきた。

真弓とたまこ

二〇一七年九月半ば。

前夜に激しい豪雨が吹き荒れた、翌朝早くのことだった。

起床して居間へ向かうと、真弓が座卓の定位置に突っ伏し、涙で顔を歪めていた。

「どうしたんだ?」と尋ねた私に、真弓は「あの娘、死んだかもしれない」と答えた。

「あの娘」というのは、たまこのことである。

聞けば昨晩、真弓はたまこの夢を見たのだという。

夢の中で真弓はたまことふたり、どこかの街を歩いている。

楽しく笑い合いながら言葉を交わし、道行く先で見つけた店に入って買い物をしたり、カフェに入ってお茶を飲んだりして、楽しい時間を過ごしている。

ところが、それからまもなくすると、ふいにたまこが顔色を曇らせ、悲しげな声風で「今までありがとう」と真弓に告げる。

「どうしたの？」と真弓は尋ねるが、たまこは言葉を濁らせ、くわしい事情は話さない。そうしているうちにたまこは真弓を置いて独りで歩きだし、街の中へと消えていく。

真弓もたまこの姿を探して町の中を独りで歩き回るのだけれど、必死なって探してもたまこの姿は見つからない。

そうして途方に暮れかけながら、とぼとぼとした足取りで街中の歩道を歩いていると、突然目の前で「どーん！」と、けたたましい轟音が炸裂する。

驚きながら視線を向けた先には、目の前のビルから落ちてきたたまこが、歩道の上に血を流して横たわっている。


そこではっとなって目が覚めたのだという。

「夢は夢だろう。気にすることはない」

噛んで含めるように言い聞かせたが、私も真弓の話を聞いて嫌な胸騒ぎを覚えていた。

そこへ真弓が差しだした物を見て、さらに気分が悪くなる。

「でも起きたらこれ、こうなってたんだよ……？」

真弓の手のひらには、誕生日にたまこからもらった猫のキーホルダーが載っていた。

猫の顔には縦に大きなひびが入り、顔全体が白く濁ってひどい有様になっていた。

「電話してみてもいい？」と訊かれたので、「うん」と答えた。

私もたまこの安否が気になって仕方がなかった。

午前九時になるのを待って、真弓がたまこの携帯電話へ連絡を入れた。
真弓の隣に座り、彼女の無事を祈りながら応答を待ったが、何度コール音が鳴っても
たまこが電話に出ることはなかった。
それから二時間おきに真弓は三度、たまこの番号にコールした。
その間に私も二度、自分の携帯電話から連絡を入れてみた。
けれどもやはり、たまこが電話に出ることはなかった。
「大丈夫だよね？　ただの夢だったんだよね？　元気にしているよね？」
たまこの死に強い確信を抱いていたはずの真弓は、時間が経っていくのにしたがって、
彼女の無事を必死で思いこもうとするようになっていた。

「これだけ連絡を入れておけば、そのうち向こうのほうから連絡してくるかもしれない。大丈夫だから、あとは落ち着いて待っていたほうがいい」

自分にも言い聞かせながら真弓へ言葉をかけたが、私も真弓も落ち着かなかった。

せめて自分に今できることをと思い、真弓を連れて仕事場へ向かう。

祭壇の前に真弓と並んで座り、そぞろな気持ちを抑えながら、たまこの無事を祈って安全祈願の祝詞をあげた。真弓も長々と手を合わせ、彼女の無事を一緒に祈った。

だが結局この日、たまこから連絡が返ってくることはなかった。

翌日以降も連絡は一切なく、わたしたちはもやもやとした不安な思いを抱えながらも、たまこの無事を祈って日々を過ごすようになっていった。

ウェディングドレス

二〇一七年の九月が、そろそろ終わりを迎えそうな頃である。

その日の夜、私は街場にあるホテルから出張相談の依頼を受けて出かけていた。

別段込み入った用件ではなく、事務室に祀った神棚に関する仕事だった。

一時間ほどで用を終え、依頼主にだされたコーヒーを飲みながら話をしているうちに催してしまった私は、トイレの場所を聞いて席を立った。

事務室を出てフロントの前を突っ切り、長い廊下に面したトイレへ向かう。

そうしてまもなく、トイレの前まで進んでいった時だった。

目の前に延びる廊下のいちばん奥に、白い人影がふわりと浮かびあがるのが見えた。

視線を凝らして見てみると、それは純白のウェディングドレスを着た花嫁だった。

花嫁はこちらをまっすぐ向いて立っているが、顔はヴェールに覆われてよく見えない。

無論、この世の者ではないのだが、害意がありそうな雰囲気には見受けられなかった。披露宴会場もあるホテルなので、何かこのホテルにゆかりのある存在なのかもしれない。思いながら見つめていると、やおら花嫁はこちらに深々と一礼し、霧が晴れるように姿を消してしまった。

礼をした姿勢になんとなく覚えがあるような気がしたが、いろいろ思いだしてみてもウェディングドレスの花嫁には心当たりがなかった。

うっすらながらも頭の隅に引っ掛かるものを抱えながら用を足し終え、事務室にいる依頼主に挨拶を済ませると、私はなんとも妙な心地でホテルをあとにした。

ゆきこの化け物

ホテルの件から二週間ほどが過ぎた、十月半ばのことだった。

サメジマと名乗る男から、対面相談の予約が入った。

お化けに関する相談で、できればお祓いをしてほしいのだという。

またぞろ魔祓いが必須の仕事になりそうだなと思い、少しためらってしまったのだが、生きていくためには仕事をしなければならない。

この数ヶ月の間にも、魔祓いが必要そうな依頼は何件か舞いこんできていた。

だが、魔祓いの反動で背中が痛みだすのが嫌で、どうしてもという緊急の用件以外は、ほとんど断るようにしていたのである。

あまり仕事を選り好みし過ぎるのもまずいと判じて、あえてくわしい事情は訊かずに依頼を引き受けることにした。

それから三日後の昼下がり、サメジマが私の仕事場にやってきた。

歳は三十代前半で、少しだけ幼さを感じさせる面貌は、一見すると好青年風に見える。

だが、瞳の奥から感じる色はどろりと濁って、草葉の奥から獲物を狙う爬虫類のような不穏な印象を感じさせる男だった。

サメジマは同年代の彼女も一緒に連れてきた。

こちらも顔立ちはそれなりに整っているのだが、サメジマに負けじと言わんばかりに暗くて澱んだ目をした女だった。

女はそわそわと落ち着かないそぶりで視線を泳がせ、仕事場の方々を見つめている。

「本日はお化けとお祓いに関するご相談とのことですが、具体的にはどういった感じのご相談になるでしょうか？　くわしくお話を聞かせていただけますか」

「実はひと月くらい前から、元カノのお化けが私とこいつの前に出てくるようになって困ってるんです。今日はそれをなんとかしてもらいたくてお伺いしました」

神妙そうな顔でサメジマが言うと女のほうもしきりにうなずき、縋りつくような目で私の顔を見つめてきた。

サメジマはひと月ほど前から、彼女が借りる市街のアパートで同棲生活を送っている。ふたりで暮らし始めてまもなくから、件の元カノが現れるようになったのだという。

たとえば昼間、サメジマがひとりで部屋にいると背後に厭な気配を感じ始める。振り返ると、にやにやした笑みを満面に浮かべた元カノが真後ろに突っ立っていて、サメジマの顔を見おろしている。

サメジマが悲鳴をあげると、元カノは霧が晴れるように消えてしまったという。

またある時には、サメジマがパチンコ屋で遊んでいる時。いきなり背後から何者かに、ぎゅっと強く抱きしめられた。はっとなって振り返ると、やはり目の前には満面に笑みを浮かべた元カノの顔があった。

こちらもサメジマが悲鳴をあげるなり、ぱっと姿を消してしまったそうである。

こうしたことがひと月の間に五回以上もあったという。

「他にも夢の中にしょっちゅう出てきて、にやにや笑いかけられたり、抱きつかれたり、こっちが何も抵抗できないのをいいことにやりたい放題って感じなんですよね……」

蒼ざめた顔にげんなりした色を浮かべながら、サメジマがため息をつく。

「でも、こいつのほうに出てくる時は、全然違うことをするんです」

彼女の顔を顎でしゃくり、サメジマがさらに話を続ける。


女のほうも同棲開始からまもなく、元カノのお化けを見るようになった。

否。厳密には、襲われるようになったのだそうである。

夜中、サメジマと一緒に寝ていると、強い金縛りに襲われて目が覚める。

慄《おのの》きながら目を開けた先には、顔じゅうに恨めしげな形相をこしらえた元カノがいて、部屋の隅からこちらをじっと見おろしている。

声すらもだせない状態で、必死になって金縛りを振りほどこうともがいているうちに、彼女は意識を失ってしまう。

こんなことが三度ばかりあったそうである。

とりあえず、何が起きているのかはよく分かった。事態が尋常ではないということも。

だが、原因に関してはよく分からなかった。

「どうして以前の彼女さんが、おふたりの前にこうも立て続けに出てくるんでしょう？　何か思い当たる原因はありませんか？」

「去年の九月に別れてるんですが、別れ方が気に食わなかったんじゃないかと思います。だからきっと嫌がらせで出てくるんですよ」

サメジマの語る話では、元カノがサメジマと結婚するのだと勝手に思いこんでしまい、ひどい口論になったことがあるのだという。

「そんな約束、した覚えなんかないんですけど、あいつのほうは『したでしょ？』ってしつこく食い下がってくるもんだから、こいつ頭おかしいと思って別れたんです」

痴情の縺《もつ》れか。

真相を知る術などないが、故人を過剰に腐しながらの被害者ぶった語り口から察して、「本当は約束してたんじゃないのか？」と勘ぐってしまう。

半ば呆れながら説明を聞いていたのだが、続けてサメジマの口から飛び出たひと言に私はふと、強い違和感を覚えてしまう。

「挙句の果ては、私に対する腹いせなんでしょう。飛び降り自殺なんかするもんだから、多分成仏することもできなくて、私たちの前に化けて出てくるんだと思うんです」

大仰に渋面を浮かべながら、サメジマは言った。

その顔には、故人に向ける哀惜や憐憫《れんびん》など、ひとかけらも認めることができなかった。

「その元カノって、いつ頃亡くなったんですか？」

「別れて結構すぐだから、やっぱり去年の九月です」

夜中、住宅地の中に立ち並ぶ団地に侵入して、最上階の外廊下に面した手すり壁から身を乗りだして飛び降りたのだという。

「祓うにしても供養するにしても必要なので、彼女の名前を教えてください」

サメジマの前に紙を差しだし、名前を書いてもらう。

沢村《さわむら》ゆきこ

まもなく戻ってきた紙には、ぞんざいに書き殴られた汚い字でそう書かれていた。

「漢字は？」と尋ねると、「すいません。覚えてないです」とのことだった。

ならば歳はと思って尋ねてみると、二十代半ばだったとのことだった。
事の次第が分かるなり、頭の中が一瞬、真っ白になる。
この男は、自分を芯から愛していた彼女の漢字すら覚える気がなかったというわけだ。
以前からどうしようもないクズだと思っていたが、想像していた以上のクズである。
本当は由希子《ゆきこ》って書くんだよ、馬鹿野郎。
沢村由希子は、たまこの本名だった。
サメジマに伝えられた年齢も、彼女のそれと一致する。
名前といえば、お前は自分の名前も間違えているぞと思った。
座卓を挟んで座るこの忌々しい男の本当の名は、飯島《いいじま》という。
以前、由希子に相性を鑑定してほしいと頼まれた際に教えてもらっていたのである。
一体なんの偶然だろう。あるいは由希子が仕組んだ巡り合わせだろうか。
私と由希子の関係など知らないはずの飯島が、今こうして私の目の前に座っている。
それも頭の悪そうな女を隣に連れて、由希子の亡魂を私に祓ってもらうために。
自分の唇から、みるみる血の気が引いていくのが分かった。右目のまぶたは微電流を
流されているかのごとく勝手にぴくぴくと、小刻みに痙攣をし始める。

「お祓いなんかじゃなく、供養で彼女の魂を鎮めるということもできなくはありません。せっかく縁があって一度はお付き合いをした人です。いかがでしょうか?」

「いや、実はちょっと前にも他の霊能者のところに行って、供養を勧められたんですよ。言われたとおりにしてもらったんですが、全然効果なしでした。その後も平気な顔して、にやにやしながら出てきますから」

だよな。こいつが由希子の清福なんか願っているわけないか。

施主自身に故人を弔《とむら》う気持ちがないのなら、誰がいくら供養したところで無駄である。供養とは、施主の想いを故人に届けるためにおこなうものなのだから。

偽名を使って私の許を訪ねてきたのは、後ろめたいものがあるからだろうと思った。

それに加えて、こいつはさらにひどい嘘もついている。

由希子が亡くなったのは去年の九月だと、白々しい顔でこの男は抜かした。

彼女と別れた時期も、彼女が亡くなった時期も、本当はつい先月のことだというのに。

どうしてそれを偽るのかもすぐに察しがついて、ますます胸糞が悪くなってきた。

由希子は先月亡くなったばかりだというのに、飯島にはなぜかすでに新しい女がいて、早々同棲まで始めている。

下手なアリバイ作りである。本当はもっとずっと前から付き合っていたくせに。

おそらくこうなのだ。

果たしていつ頃からだったのか。そこまでは分からなかったが、この際どうでもいい。

ひとつ確実に分かるのは、こいつは由希子が生きていた頃から、この女と二股をかけて付き合っていたということである。

いや。

由希子には申しわけないのだが、本人は二股とすら思っていなかったのかもしれない。

由希子は単なる金づるで、本命はこっちの女のほうだったというわけだ。

まんまと見抜いてやったと思ったが、「してやったり」とは思うことができなかった。

代わりに由希子の顔が脳裏にちらついて、涙がこぼれそうになってくる。

ペローの夢を見るたびに、身振り手振りを交えながら嬉しそうに語っていた由希子。

我が家を訪ねてくるたび、真弓とペルに会うのをすごく楽しみにしていた由希子。

真弓とふたりでＰＵＦＦＹの『ＳＷＥＥＴ　ＤＲＯＰＳ』をハモっていた由希子。

春に飯島と結婚式を挙げることを夢見て、一生懸命仕事をがんばっていた由希子。

そんな記憶が脳裏に浮かんでくるたび、強い失意と後悔を感じずにはいられなかった。

こんなことになるのだったら、どんな手段を使ってでも由希子を飯島から引き離して、仕事もやめさせるべきだった。

拝み屋という自身の立場を建前にして、由希子に何もしてあげることができなかった自分に対して激しい憤りも覚えていた。

だが、今さらどれだけ悔やんだところで、もう二度と由希子が帰ってくることはない。代わりにせめて、できうる限りの手向けをしてあげようと考える。

「故人を悼む気持ちをきちんと向けられれば、彼女を成仏させてあげられると思います。もう一度、供養をしてみる気はないですか?」

「いや。悪いんですけど、一度試して駄目だったし、そういう気持ちを向けるってのも、はっきり言って難しいです。先生には今、視えてないんですか? 恐ろしいもんですよ。今のあいつの姿を見たら、成仏なんかより消滅を願う気持ちしか湧いてこないです」

顔じゅうを石のように強張らせ、切羽詰まった面持ちで飯島は言い切ると、すかさず女に向かって「なあ?」と振った。女も真っ青に色醒めた顔を深々とうなずかせる。

「由希子さん、一体どんな姿をしているっていうんですか?」

尋ねた私に、飯島は顔面をひくつかせながら、ぼつりと答えた。

「ゆきこの奴、真っ白なウェディングドレスを着て、私たちの前に出てくるんですよ」

飯島のこぼしたひと言に、先日ホテルで目にした花嫁の姿がまぶたの裏に蘇る。

「こういうの、専門用語では『執着』って言うんじゃないですか？　恐ろしい話ですよ。あいつは死んでからも私と結婚する気満々で、私とこいつに付き纏っていやがるんです。そんな悪霊みたいな女に供養の気持ちなんか、湧いてくるわけないじゃないですか」

黙れ、このボンクラ。さもなきゃ今すぐ顎を外してポケットにしまっとけ。

必死の形相で訴えかける飯島を、たちまち殴り倒してやりたい衝動に駆られる。

許し難い怒りを覚えていた。

どこまでこいつは、人の心が分からないのだろう。

些細な出会いで人の運命は変わり、人生は予期せぬ方向へ転がされていくものである。

飯島の顔を見ていると厭でもそんなことが頭に浮かび、虫唾《むしず》が湧いてくる。

こんな男とさえ出会わなければ、こんな男に惚れさえしなければ、由希子の命の暦は今でもきっと続いていただろうにと思う。

けれどもこんなことになってさえも、由希子の気持ちは変わらないままなのだ。
由希子はお前を祟ってなどいない。今でもお前を健気に慕っているだけである。
由希子はにやにやなんて笑っていない。優しい顔でお前に微笑みかけているだけだ。
お前と結婚する日がかならず来るのだということを。
だから由希子は、純白の花嫁衣装でお前の前に現れる。
もう決して訪れることのない次の春を信じて、お前の許に寄り添い続けているのだ。
ただそれだけのことである。どうしてそれが分からない。
職務規定に反するが、別にいいやと思った。そもそも職務規定などあったかと思う。
こいつをぼこぼこにぶちのめすなど、人としての一線を超えるような真似はしない。
だが代わりに、本職の拝み屋としては最低の対応をしてやることにした。
私は飯島の依頼を放棄する。かつての大事な依頼主、由希子のために。
私は由希子を祓わない。私は「ゆきこの化け物」をこのまま放置することにする。
希望的観測に過ぎないし、自分本位な解釈であることも承知したうえで私は考える。
寺でも神社でも拝み屋でもいい。仮に今後、飯島がよそへ相談に訪れると仮定する。
まともな本職だったら同じく事情を察して、依頼を辞退するのではないかと思う。

先にも触れたとおり、由希子は供養で成仏させることもできない。飯島自身に、由希子の死を悼む気持ちがまったくないからである。

だから由希子、安心していい。

今後も「大好きだよ」だという想いを、この男に精一杯ぶつけてあげればいいと思う。心のままに思いをぶつけて、君が大好きだった人を存分に怖がらせてやればいいと思う。ただその代わり、期限がある。その時にはどうか、私の供養に応じてほしい。

百箇日を迎えたら供養する。

その時は何があっても、君を全力で向こうに送り届けるね。

ペローもきっと待っているだろうから、その時は素直な気持ちで旅立ってほしい。

真弓が由希子の夢を見た日を命日と仮定するなら、まだまだ四十九日も迎えていない。百箇日が来るまで、時間はたっぷり残されているというわけだ。

存分に想いを伝え続ければいいと思う。

だが、仮にこのまま放っておいたとしても、多分この娘は、飯島と女をとり殺したり、傷つけることさえもしないと思う。ただふたりの前に、花嫁衣装で現れ続けるだけだ。

なぜなら由希子は、とても優しい娘だから。それが少しだけ、歯痒《はがゆ》いなと思った。

しばらく真弓には伝えないつもりだった。

本当は伝えるべきなのかもしれないけれど、せめて百箇日を迎える日までは、真弓の思い出の中で由希子に生きていてほしいと思った。

あらかた気持ちがまとまると、座卓の前から立ちあがって飯島の顔を見おろした。

「どうやら私に対応できる案件ではないようです。お引き取りください」

「は？　急にどうしたんですか。供養が嫌だっていうのが気に食わなかったんですか？　だったらちょっと大人げないですよ。少しはこっちも事情も察してくれて――」

「言ってろよ。さっさと帰れ、馬鹿野郎」

上から睨《ね》めつけながらつぶやくと、飯島も険しい目つきでこちらを睨み返してきたが、あとは憎まれ口を二言、三言吐きだして、女と一緒に帰っていった。

ざまあみろと思いながら、ひとりきりになった仕事場に再び腰を落としてへたりこむ。

だが、気持ちは少しも晴れることがなく、代わりに凄まじい哀惜と寂しさが心の底から間欠泉《かんけつせん》のごとく噴きだしてきた。

それから私は静まり返った仕事場でひとり、しばらく声を押し殺して泣き続けた。

拝み屋備忘録　ゆきこの化け物

2020年6月4日　初版第1刷発行

著者　郷内心瞳
企画・編集　中西如(Studio DARA)
発行人　後藤明信
発行所　株式会社 竹書房
〒102-0072 東京都千代田区飯田橋2-7-3
電話03(3264)1576(代表)
電話03(3234)6208(編集)
http://www.takeshobo.co.jp
印刷所　中央精版印刷株式会社

定価はカバーに表示しています。
落丁・乱丁本の場合は竹書房までお問い合わせください。

ISBN978-4-8019-2266-2 C0193